安徽乡镇
高质量发展报告（2024）

ANHUI XIANGZHEN
GAOZHILIANG FAZHAN BAOGAO (2024)

张道刚　汪名昱◎主编

合肥工业大学出版社

图书在版编目(CIP)数据

安徽乡镇高质量发展报告.2024/张道刚,汪名昷主编. —合肥:合肥工业大学出版社,2024. —ISBN 978 - 7 - 5650 - 6848 - 5

Ⅰ. F299. 275. 4

中国国家版本馆 CIP 数据核字第 2024V91U57 号

安徽乡镇高质量发展报告(2024)

张道刚　汪名昷　主编			责任编辑　张　慧	

出　版	合肥工业大学出版社	版　次	2024 年 7 月第 1 版
地　址	合肥市屯溪路 193 号	印　次	2024 年 7 月第 1 次印刷
邮　编	230009	开　本	710 毫米×1010 毫米　1/16
电　话	人文社科出版中心:0551 - 62903205	印　张	12
	营销与储运管理中心:0551 - 62903198	字　数	188 千字
网　址	press. hfut. edu. cn	印　刷	安徽联众印刷有限公司
E-mail	hfutpress@ 163. com	发　行	全国新华书店

ISBN 978 - 7 - 5650 - 6848 - 5　　　　　　　　　　　　定价:68. 00 元

如果有影响阅读的印装质量问题,请与出版社营销与储运管理中心联系调换

《安徽乡镇高质量发展报告（2024）》
编 写 组

主　编　张道刚　戴　炜

副主编　汪名呈

组　员　曹芬芬　魏　越　王　倩

　　　　涂有钊　唐　玲　周其淋

　　　　程荣俊　欧　磊

前　言

党的十八大以来，习近平总书记明确要求把县域作为城乡融合发展的重要切入点，推进以县城为重要载体的城镇化建设，全面推进乡村振兴，畅通城乡经济循环，率先在县域内破除城乡二元结构。乡镇作为上联县城、下接乡村的基础治理单元，是区域经济的基础和重要组成部分，是新型城镇化建设的重要载体。作为城乡融合发展的关键支撑，乡镇在承接产业转移、优化经济结构、推进城镇化、吸纳农村剩余劳动力等方面发挥着重要作用。

对乡镇高质量发展进行研究，有助于系统评估乡镇在经济发展、社会治理、民生保障、城乡融合等多维度的竞争力，为了解乡镇当前的发展水平、优势与不足提供全面的数据支持；有助于乡镇明确自身在全省位置，识别产业特色和比较优势，为精准施策夯实基础。同时，对"先发乡镇"在产业升级、特色农业、乡村旅游等方面的重点举措、发展模式进行分析报告，也能够为其他"潜力乡镇"确定下一步发展方向提供借鉴参考，有助于促进全省乡镇经济结构优化，提高乡镇治理效能。

2023年，安徽创新发展研究院（决策杂志社）联合安徽省统计局成立课题组，首次对安徽乡镇经济高质量发展开展研究，进行安徽乡镇综合竞争力评价。2024年，联合课题组在上一年度研究基础上进一步扩大研究范围、拓展研究深度，并将相关研究内容编撰成书。全书以安徽省1235个乡镇为研究对象，评价乡镇经济综合竞争力，梳理乡镇经济发展整体情况，总结强镇发展经验及一般规律，提出乡镇高质量发展方略，以期为安徽统筹推进乡镇经济高质量发展提供咨询参考。

　　本书在出版过程中得到了安徽省农业农村厅、安徽省统计局、安徽省人民政府发展研究中心、安徽财经大学、合肥工业大学出版社等单位的指导与支持，在此一并表示感谢。

　　由于研究水平有限，书中难免存在不足之处，敬请各位读者不吝指正，以期不断完善。

编写组
2024 年 7 月

目 录

第一章 精准画像："诊"视乡镇发展态势

党的十八大以来，安徽坚持新型城镇化和乡村振兴战略一体推进、双轮驱动，城乡区域发展协调性不断增强。乡镇作为促进城乡融合发展的"黏合剂"，其联城带村的节点地位和服务功能不断夯实，乡镇高质量发展不断取得新成效、展现新气象，但也存在经济体量小、产业层次低、劳动人口少、要素保障弱、机制约束多、环境整治难等问题。进入新型城镇化"下半场"，乡镇发展将呈现新的趋势和特点。立体化描绘乡镇画像，剖析乡镇发展成效、不足及新趋势，有利于乡镇更好地审时度势，谋划未来发展篇章。

第一节　安徽乡镇发展呈现五大特征

一、乡镇机构"瘦身健体"

为从根本上解决农民负担、缓解基层财政压力，从 1998 年起，我国一直开展以"撤并乡镇、精简机构、分流人员"为主要标志的乡镇机构改革。2001 年，民政部会同有关部门联合下发《关于乡镇行政区划调整工作的指导意见》和配套政策，给各地乡镇区划调整提供了根本遵循。随后一些省、自治区、直辖市相继开展了以撤乡设镇、乡镇撤并、村居撤并、扩大乡镇区域规模为主要内容的乡镇行政区划调整工作。安徽作为农村税费改革的先行者，在综合考虑提高政府效能、降低行政运行成本、减轻农民负担、优化城镇体系、推进城镇化进程等因素的基础上，于 2000 年开展撤乡并镇、精兵简政工作，科学有效地实施了乡镇行政区划调整，并取得一定的成效。

总体看，安徽乡镇行政区划总数不断减少，由 2000 年的 1858① 个降低至 2023 年的 1235 个，共减少 623 个。其中，乡的降幅相对明显，由 2000 年的 885 个降低到 2023 年的 224 个；镇由 2000 年的 973 个增至 2023 年的 1011 个，整体变动相对平稳（如图 1 所示）。在乡镇行政区划调整过程中，一些人口少、面积小、场镇共享差、经济实力弱及长期无人流、物流和集贸市场的乡镇被撤并，使基础设施相对集中，对解决小城镇布局分散和重复建设等问题起到了重要作用。

安徽还将乡镇（街道）管理体制改革作为地方机构改革的重要内容部署推

---

① 本书所有数据来源于历年安徽省国民经济和社会发展统计公报、历年中国县域统计年鉴（乡镇卷）、2023 年乡（镇）社会经济基本情况统计资料、2023 年村社会经济基本情况（含涉农居委会）统计资料等官方统计资料。

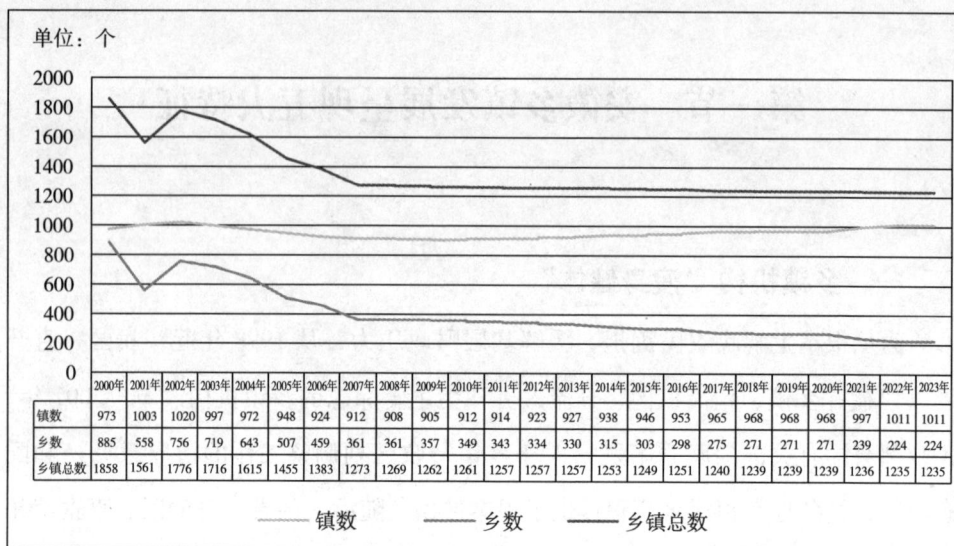

单位：个

	2000年	2001年	2002年	2003年	2004年	2005年	2006年	2007年	2008年	2009年	2010年	2011年	2012年	2013年	2014年	2015年	2016年	2017年	2018年	2019年	2020年	2021年	2022年	2023年
镇数	973	1003	1020	997	972	948	924	912	908	905	912	914	923	927	938	946	953	965	968	968	968	997	1011	1011
乡数	885	558	756	719	643	507	459	361	361	357	349	343	334	330	315	303	298	275	271	271	271	239	224	224
乡镇总数	1858	1561	1776	1716	1615	1455	1383	1273	1269	1262	1261	1257	1257	1257	1253	1249	1251	1240	1239	1239	1239	1236	1235	1235

—— 镇数　　—— 乡数　　—— 乡镇总数

图 1　2000—2023 年安徽乡镇机构数量变化情况

进。2011 年以来，大力推动经济发达镇行政管理体制改革，出台《关于经济发达镇行政管理体制改革试点工作的指导意见》等，综合考虑经济实力、人口规模、产业特色、发展潜力等因素，共遴选出 81 个省级经济发达镇开展试点，积累丰富改革经验。同时，持续深化乡镇（街道）综合行政执法改革，印发《安徽省人民政府关于赋予乡镇街道部分县级审批执法权限的决定》《关于加强全省乡镇街道综合行政执法规范化建设的意见》等政策文件，全面推动基层减负，聚焦解决"小马拉大车"等问题。

二、乡镇产业"硕果盈枝"

强有力的产业基础是乡镇经济高质量发展的重要引擎。在乡村振兴战略的驱动下，乡镇农业步入发展快车道，产品小而特、业态精而美、布局聚而合。截至 2023 年底，安徽累计建设产值超 10 亿元的特色产业镇（乡）80 多个、超 1 亿元的特色产业村 160 多个，共培育省级"一村一品"示范村镇 793 个、国家级"一村一品"示范村镇 160 个，实现乡村特色产业不断壮大，产村、产镇一体化发展加快推进。依托"一村一品"示范村微型经济"圈"基础，经过一村连数村、村村连成镇，形成越来越多的"一镇一业"小型经济圈。2018 年至今，安徽累计建成国家农业产业强镇 42 个，总数位居全国第 5。其中，以茶叶为主导产业的乡镇数量高达 6 个，该类别的乡镇总量位居全国首位，乡村产业"圈"状发展格局逐步成型。立足"土特产"特色资源优势，下大力气做好"粮头食尾""畜头肉尾""农头工尾"增值大文章，2023 年，稻米、小麦、玉米、生猪、家禽、水产、中药材、蔬菜、林特、茶叶等十大绿色食品产业全产业链产值突破 1.2 万亿元。

乡镇工业是全省工业发展的重要支撑力量。2008 年，安徽省政府作出建设产业集群专业镇的决策部署，持续实施产业集群专业镇提质创牌行动，累计认定 208 个产业集群专业镇。经过多年的建设和发展，产业集群专业镇已成为安徽协同推进新型工业化、信息化、城镇化、农业现代化的重要战略支点，通过产业集群的不断裂变扩张，对周边乡镇产生辐射带动，实现乡镇优势特色产业集聚效应持续扩大。随着产业升级转型提档加速，更多乡镇通过科技、业态、模式创新，发展轨道正在从传统的劳动、土地密集型向资本、技术密集型切换，插上数字化、绿色化、集群化翅膀，成为带动镇域经济增长的新兴力量。截至 2023 年底，全省 1235 个乡镇共有工业企业 83081 个；规模以上工业企业数 9724 个，占全省总数（23636 个）的 41.1%，乡镇经济已成为区域经济发展的重要引擎。

乡镇服务业实现扩量提质，电商经济、夜市经济、假日经济等新经济产业培育壮大，人力资源、检验检测、新网络媒体等生产性服务业谋篇布局。以乡村休闲旅游业为主的新业态持续发力，为农业提质增效、农民增收创收、农村发展创新提供澎湃动力。2022 年，全省乡村休闲旅游业营业收入 900.9 亿元，比 2018 年增加 14.5%；接待人次 2.32 亿人次，比 2018 年增长 18.4%（如图 2 所示）；休闲农业农产品销售收入达 260 亿元，休闲农业从业人数近百万人，带动农户上百万户。截至 2023 年 6 月底，全省休闲农业和乡村旅游营业收入 543.4 亿元，同比增长 43.2%；接待人次 1.33 亿人次，同比增长 25.5%，经营主体有 1.67 万。

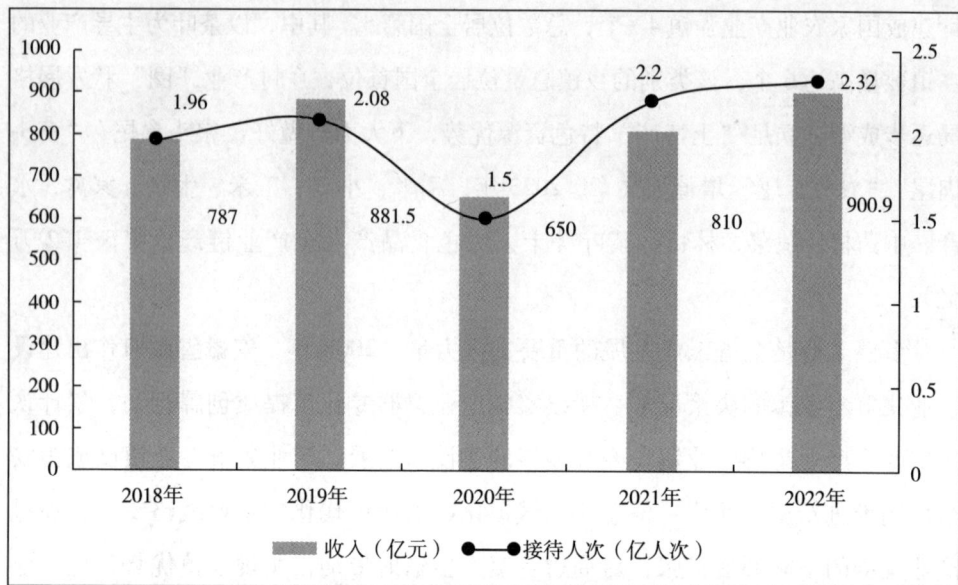

图 2　2018—2022 年全省乡村旅游业发展情况

三、乡镇潜力"欣欣向荣"

乡镇是以农村居民为主体的聚集区，农民的收入水平体现乡镇居民的收入水平。近年来，随着经济社会的快速发展，各项强农惠农支农政策陆续出台和实施，促进农民增收致富的措施取得重要成效，农村居民的收入水平不断提高，消费支出不断增加，生活水平大幅提升。2023 年，全省农村居民人均可支配收入达 21144 元，比 2019 年（15416 元）增加 37.2%，连续 5 年实现跨千元增长，年均名义增长 8.6%，扣除价格因素，实际年均增长 6.8%（如图 3 所示）。

与 GDP 增速对比看，年均增速快于经济增长速度。2019—2023 年，农村居民人均可支配收入实际年均增长 6.8%，高于 GDP 增速（5.8%）1 个百分点，表明农村居民共享经济发展成果的成效突出，农村居民增收成效显著（如图 4 所示）。

单位:元   单位:%

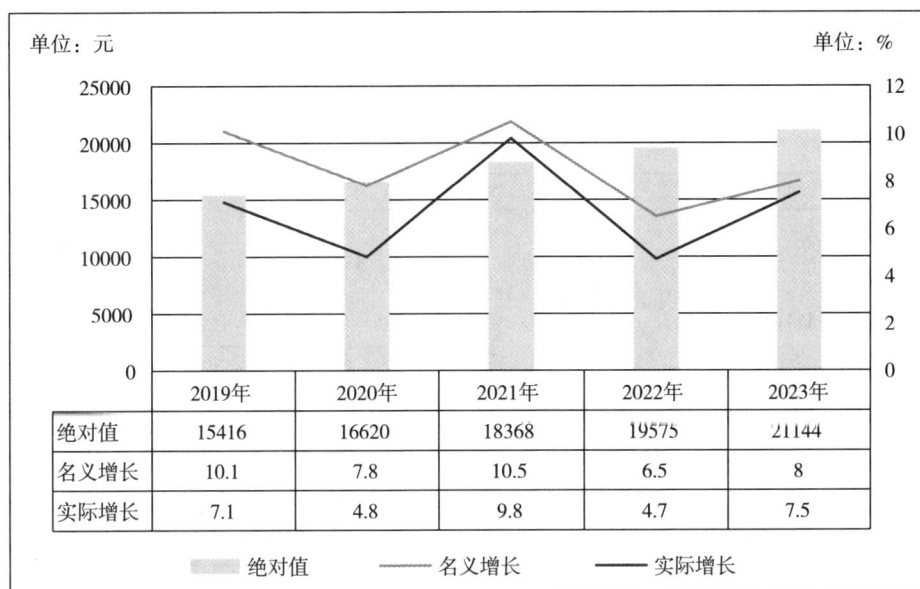

	2019年	2020年	2021年	2022年	2023年
绝对值	15416	16620	18368	19575	21144
名义增长	10.1	7.8	10.5	6.5	8
实际增长	7.1	4.8	9.8	4.7	7.5

图3 2019—2023年全省农村居民人均可支配收入情况

单位:%

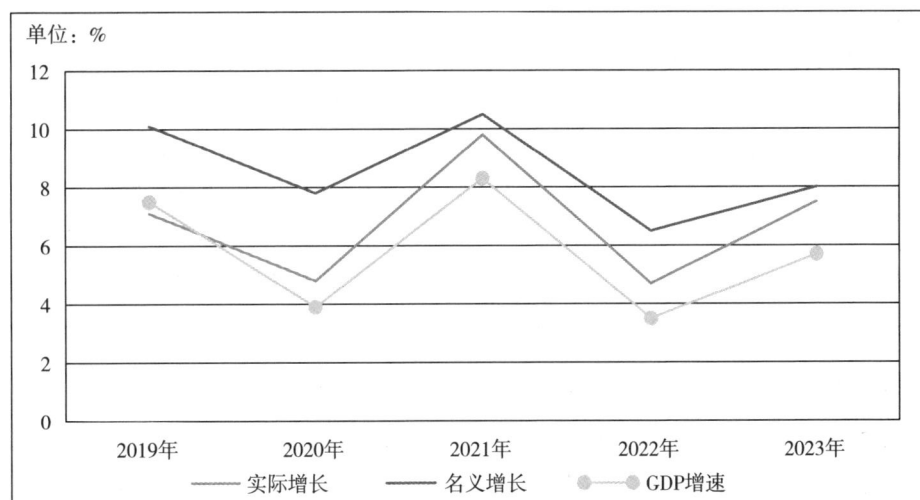

图4 2019—2023年全省农村居民人均可支配收入增长与GDP增长对比情况

与全国平均水平相比还存在差距,但差距呈缩小趋势。2019—2023年,安徽农民人均可支配收入年均实际增长(6.8%)高于全国平均水平(6.3%)0.5

个百分点，绝对差距由 2019 年的 605 元缩小至 2023 年的 547 元（如图 5 所示）。2023 年农村居民人均可支配收入总量居全国第 13 位，表明乡镇居住主体的农民收入水平的大幅提升，体现了安徽省经济快速发展的成果让农民共享。

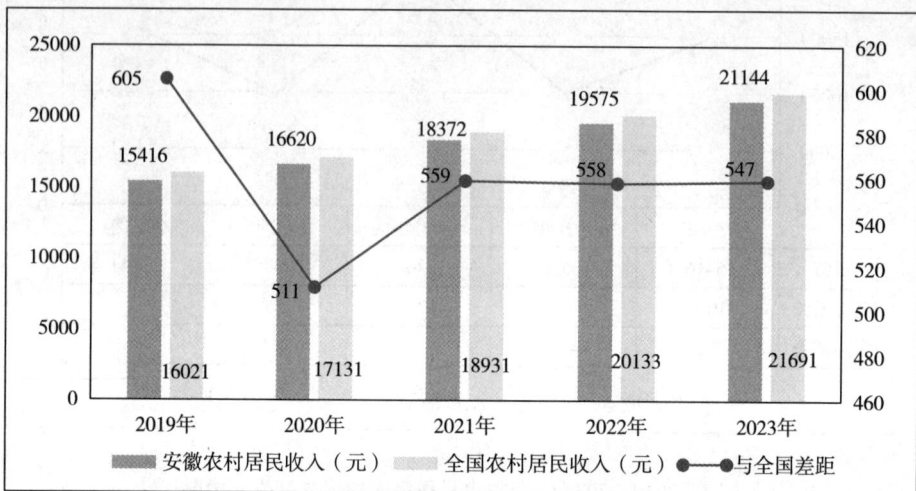

图 5　2019—2023 年全省农村居民人均可支配收入情况

城乡对比看，居民收入差距仍然较大。安徽始终将促进农民增收作为重中之重，受益于村集体经济发展、政府持续加大各项惠农政策力度，农民增收致富的道路越走越宽，城乡收入差距不断收窄。具体看，农村居民收入增长快于城镇，2019—2023 年，农村居民收入实际年均增速（6.8%）高于城镇居民（4.9%）1.8 个百分点；城乡收入比逐渐缩小，2023 年，城乡居民可支配收入比为 2.24，比 2019 年缩小 0.2；但城乡收入的绝对差距仍然较大，由 2019 年的 22124 元增加至 2023 年的 26302 元，还需继续努力促进农民增收致富（如图 6 所示）。

农民收入增长，消费力也在逐步升级。2023 年，全省农村居民人均消费支出为 18905 元，比 2019 年（14546 元）增加 30%，高于收入增长幅度，且消费活力高于全国平均水平（如图 7 所示）。消费结构趋于优化，2023 年，安徽省农村居民恩格尔系数为 34.7%，比 2019 年下降 2 个百分点，农民消费正逐渐由生存型消费转向发展型和享受型消费，生活水平持续提高。

	2019年	2020年	2021年	2022年	2023年
绝对值	37540	39442	43009	45133	47446
名义增长	15416	16620	18368	19575	21144
实际增长	22124	22822	24641	25558	26302
城乡收入比	2.44	2.37	2.34	2.31	2.24

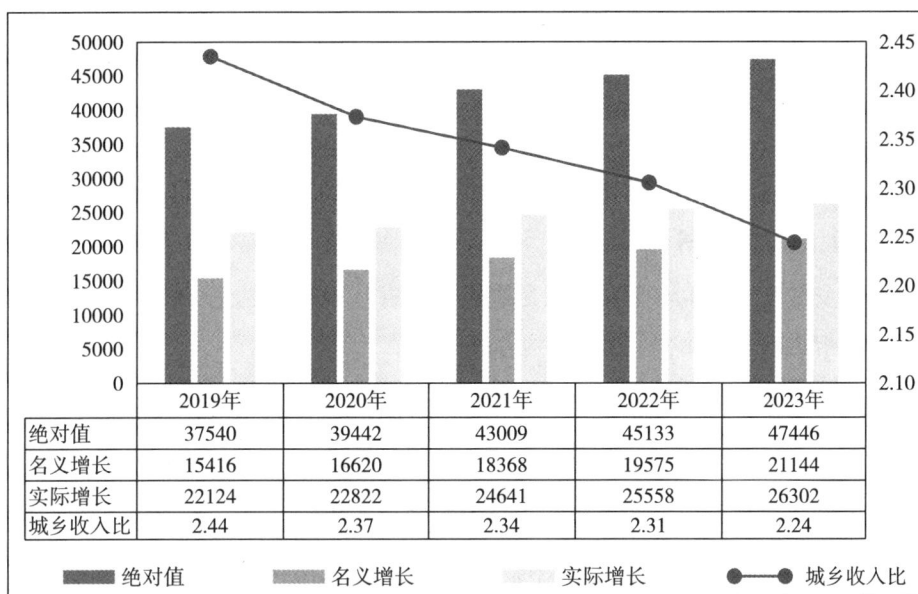

图 6　2019—2023 年全省常住、城镇、农村居民人均可支配收入情况

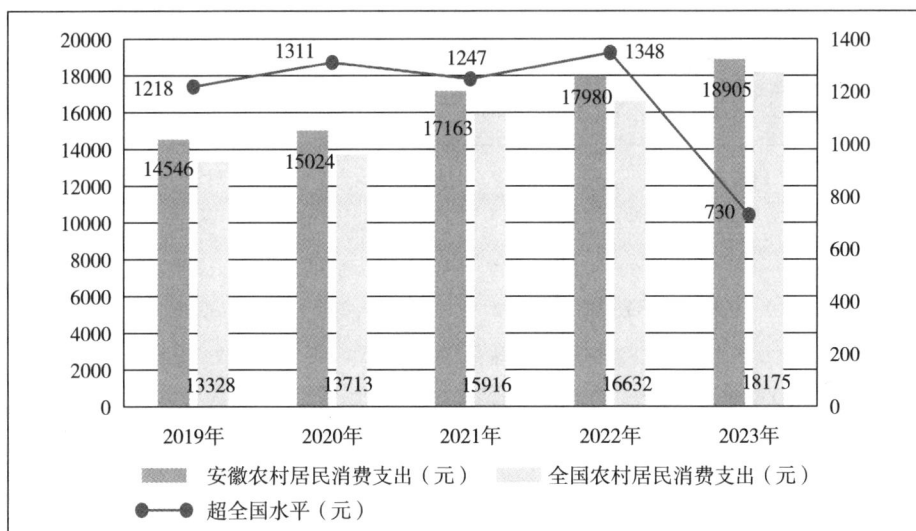

图 7　2019—2023 年全省农村人均消费支出情况

四、乡镇生活"幸福安康"

随着民生工程稳步实施、民生政策落实落细，安徽省乡镇社会事业得到全面

发展。乡镇中小学教育水平继续提高，2023 年，全省乡镇专任教师中本科及以上学历占比达 79.9%；乡镇拥有幼儿园、托儿所 9854 个，平均每个乡镇拥有 8 个；每百名在校小学生拥有专任教师平均值 11 个，超过平均值的乡镇有 320 个，占比达 25.9%。乡镇文体事业水平不断推进，拥有图书室（馆）14209 个、文化站 1253 个；拥有体育健身场所 34182 个，占全省总数（约 238700 个）的 14.3%。乡村医疗卫生水平有了长足进步，全省基层医疗卫生机构 29340 个，其中，乡镇卫生院 1317 个，社区卫生服务中心（站）1825 个，村卫生室 15546 个；平均每个乡镇每千人口医疗卫生机构床拥有量达 2 张、每千人口执业（助理）医师拥有量达 1 人（如图 8 所示）。乡镇社会保障日益健全，全省乡镇城乡居民基本医疗保险参保人数占户籍人口比重平均值为 78.6%，超过平均值的乡镇共 634 个，占全省乡镇总数的 51.3%；城乡居民基本养老保险参保人数占户籍人口比重平均值为 50.2%，超过平均值的乡镇共 681 个，占全省乡镇总数的 55.1%。总体看，全省乡镇社会事业发展良好，县乡村三级卫生机构实现全覆盖，基层医疗卫生服务网底持续夯实，教育均等化水平进一步提升，广大人民群众的获得感、幸福感、安全感更强。

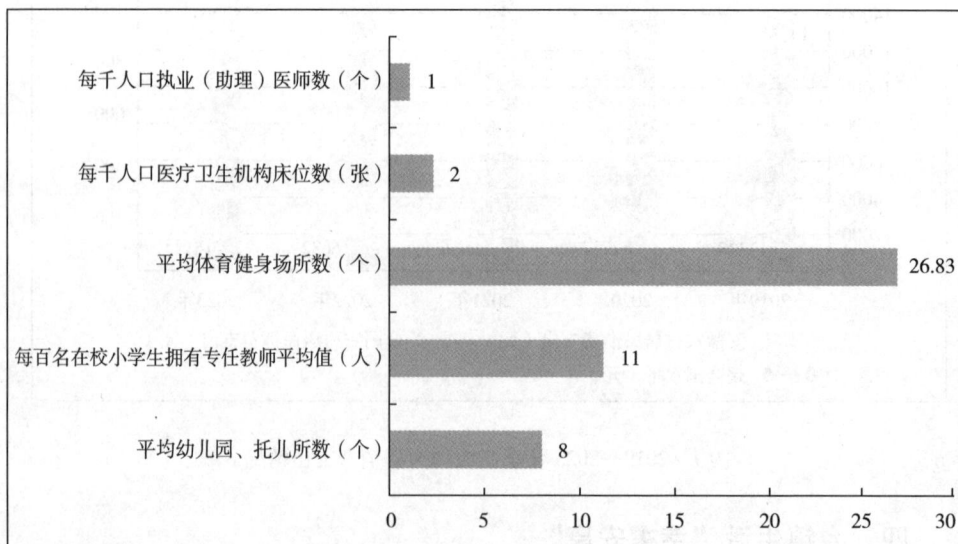

图 8 2023 年全省乡镇社会事业发展情况

五、乡镇环境"改头换面"

近年来，安徽大力推进美丽乡村建设。截至 2023 年底，全省已建和在建美丽乡村中心村 11869 个，行政村覆盖率达 79%；建设美丽宜居自然村 10164 个，美丽乡村遍布江淮大地。农村人居环境持续改善提升，截至 2023 年底，累计完成农村改厕 31.9 万户，农村卫生厕所普及率达 88.4%，农村生活污水治理率达 31.8%，农村生活垃圾无害化处理率达 81.5%。生活污水全部集中处理的村比例平均达 40%，超过平均值的乡镇有 513 个，占全省乡镇总数的 41.5%。生活垃圾分类处理的村比例平均达 80.1%，超过平均值的乡镇有 869 个，占全省乡镇总数的 70.4%。乡村基础设施建设更加完善。截至 2023 年底，通 5G 村比例平均达 89.4%，超过平均值且占比达 100% 的乡镇有 826 个，占全省乡镇总数的 66.8%；自来水用户占总户数比例平均达 86%，超过平均值的乡镇有 586 个，占全省乡镇总数的 47.4%；通公交的村比例平均达 91.7%，超过平均值且占比达 100% 的乡镇共有 805 个，占全省乡镇总数的 65.2%。2023 年，安徽全面启动实施"千村引领、万村升级"工程，加快建设彰显徽风皖韵的宜居宜业和美乡村，并将其作为推进全省农业农村现代化的"一号工程"，现已建立"1+6+20"政策体系，首批 200 个精品示范村开展规划建设。

第二节　安徽乡镇发展存在六个问题

一、经济体量小、强镇不多，乡镇经济支撑力量不足

近年来，安徽在中国区域经济排行榜上的位次持续跃升，经济总量跻身全国第一方阵，发展势头颇受期待。对比下，乡镇的经济实力略显不足。以一般公共预算收入这一经济指标为例，2023 年，安徽省乡镇一般公共预算收入 542.1 亿

元，仅占全省一般公共预算收入（3939 亿元）的 13.76%（如图 9 所示），结合乡镇行政区域土地面积占据全省 92% 的大体量，乡镇对安徽省经济总量的贡献程度比较有限。

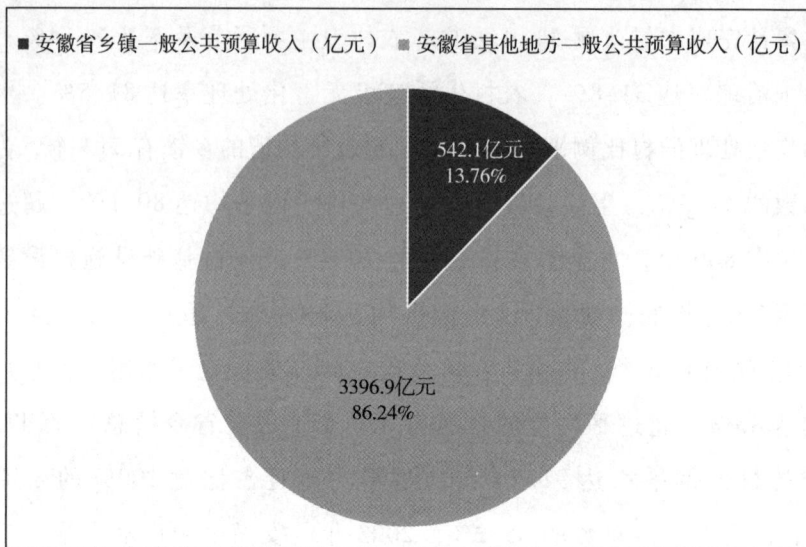

图 9　2023 年安徽省乡镇一般公共预算收入占全省比重情况

　　总体看，对比全国最发达的苏南地区，镇域经济总量占县域（市域）比重都达到 50% 以上，安徽仍有非常大的提升空间。具体看，全省乡镇"头部力量"纤弱，一般公共预算收入中仅 1 个乡镇超过 20 亿元，仅 3 个乡镇超出 10 亿元规模，支撑镇域经济"大厦"的顶梁柱单薄。"腰部力量"也不壮实，5 亿到 10 亿元区间的乡镇共 2 个，2 亿到 5 亿元区间的乡镇共 30 个，1 亿到 2 亿元区间的乡镇共 81 个，剩余 1119 个乡镇一般公共预算收入均不足 1 亿元规模，占全省乡镇数量的 90.6%（如图 10 所示），大多数乡镇经济实力水平较低，显著影响乡镇的基础设施建设、经济规划、城市发展、产业升级和民生改善等。同时，各乡镇经济体量不一，收入总规模相差较大，也反映了地区间发展不均衡的现状。

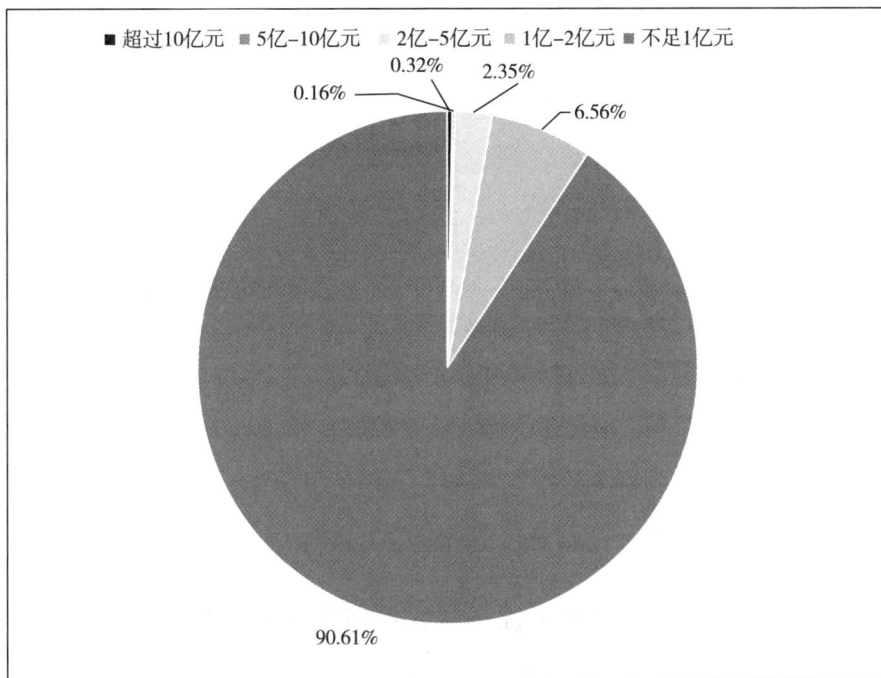

图10 2023 年安徽省乡镇一般公共预算收入分布情况

长三角地区中，安徽强镇、大镇的数量持续处于垫底水平。在赛迪工业和信息化研究院发布的《2023 镇域经济 500 强暨西部 50 强》、中国中小城市发展指数研究课题组和国信中小城市指数研究院联合发布的《2023 年全国千强镇发展报告》等多个乡镇榜单排名中，安徽省强镇入围数量大幅落后，综合实力整体不强。《2023 镇域经济 500 强暨西部 50 强》报告中，全国镇域经济 500 强镇中江苏省、广东省、浙江省分别占 37 席、33 席和 10 席，安徽省仅有芜湖市湾沚区湾沚镇、宣城市广德市新杭镇、阜阳市界首市田营镇、六安市舒城县杭埠镇 4 个镇入列，占 4%，且排名靠后。《2023 年全国千强镇发展报告》中，江苏省、浙江省、广东省千强镇表现亮眼，分别占据了 260 席、230 席和 112 席，合计占比超 60%；安徽仅有 46 个乡镇入围（如图 11 所示），且 100 强镇数量为零。

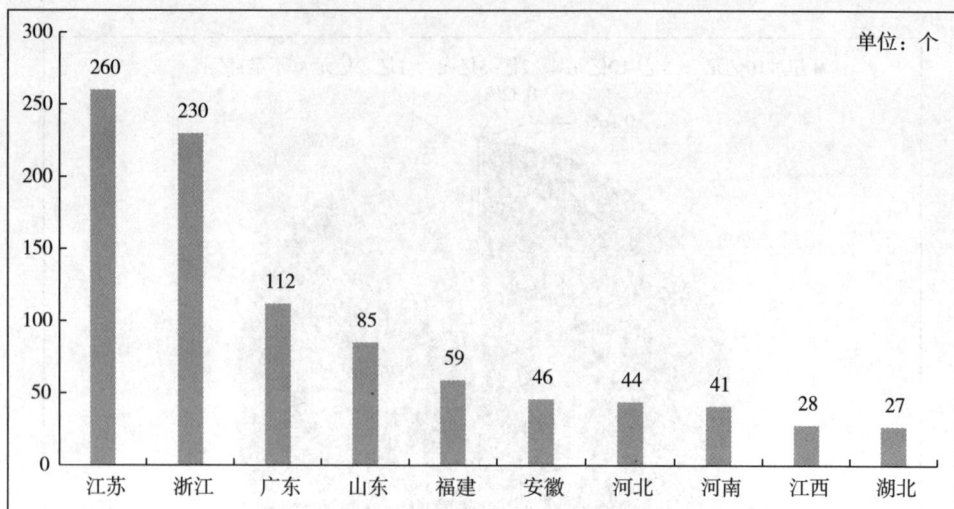

单位：个

图 11　《2023 年全国千强镇发展报告》排名靠前省份乡镇入围数量

二、产业层次低、结构不优，乡镇经济质量有待提升

乡镇经济实力不仅体现在规模上，还反映在经济结构的多元化和转型上。全省乡镇目前广泛存在经济结构不合理、转型升级压力大的问题。多数乡镇以一产或传统产业为主导产业。农业方面，产业链延伸短、产业附加值低，如种植、养殖、加工、销售等环节之间往往缺乏协同效应，导致了资源浪费、效率低下等问题。这不仅影响了农民的收益，也限制了农业的发展空间。随着乡村振兴战略的深入实施，乡镇产业进一步升级，农村电商、乡村旅游等新兴产业较快发展，但存在对本地特色资源挖掘不充分，盲目跟风和照搬照抄，同质化倾向严重，深陷低水平竞争陷阱，导致许多项目难以生存、大量资源浪费等问题。工业方面，部分从"草根工业"发展而来的乡镇企业，利润越来越薄，竞争越来越大，面临转型升级的迫切需求，但"心有余而力不足"。大多数企业管理粗放，规模优势和行业优势相对较弱，科技含量和品牌效应相对不足，全员劳动生产率和综合社会效益增长缓慢。乡镇工业经济受此影响，部分呈现出下滑趋势，内生增长动力不足。与长三角地区相比，安徽乡镇工业基础能力仍然比较薄弱。以规模以上工业企业数量为例，2022 年，安徽省乡镇规模以上工业企业单位总数量为 9285 家，

在长三角各省（市）位居第 3，大幅落后于浙江、江苏；在中部六省乡镇的排名中，位居中游，落后于河南、湖南。平均每个乡镇拥有规模以上工业企业数量与长三角其他地区相比，落差明显（如图 12 所示）。服务业方面，乡镇产业业态主要为交通运输、批发零售、住宿餐饮等，产业层次不高。

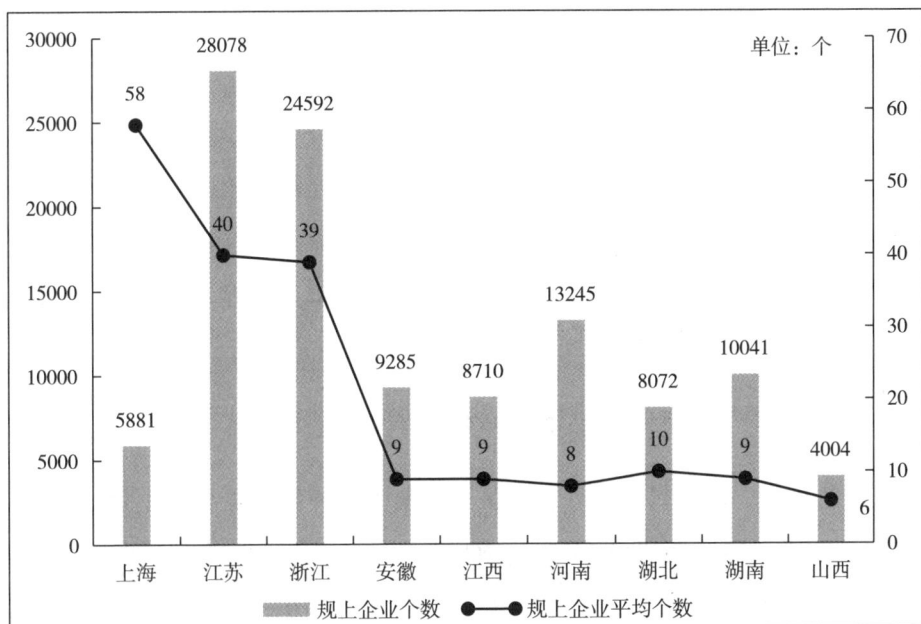

图 12　2022 年长三角和中部地区规上企业数量和平均数量对比

此外，仍有很多乡镇发展模式过多依赖低端产业、廉价劳动力和高资源环境消耗等。随着高质量发展深入推进，曾经在上个阶段创造辉煌的粗放型、劳动密集型、污染型发展模式已经无法适应新要求，迫切需要创新思路，寻找新的增长点和探索新发展模式。

三、劳动人口少，密度不高，乡镇经济活力相对不足

乡镇作为城镇体系的最基层单元，在城镇化发展中总体上处于边缘化地位。人口总量上，乡镇人口持续被城市虹吸，尤其是农村地区人口。2014 年到 2023 年，乡村常住人口几乎连年下跌，从 3093 万人降到 2356 万人，共降低 23％，一定程度上对经济增长造成了负面影响（如图 13 所示）。

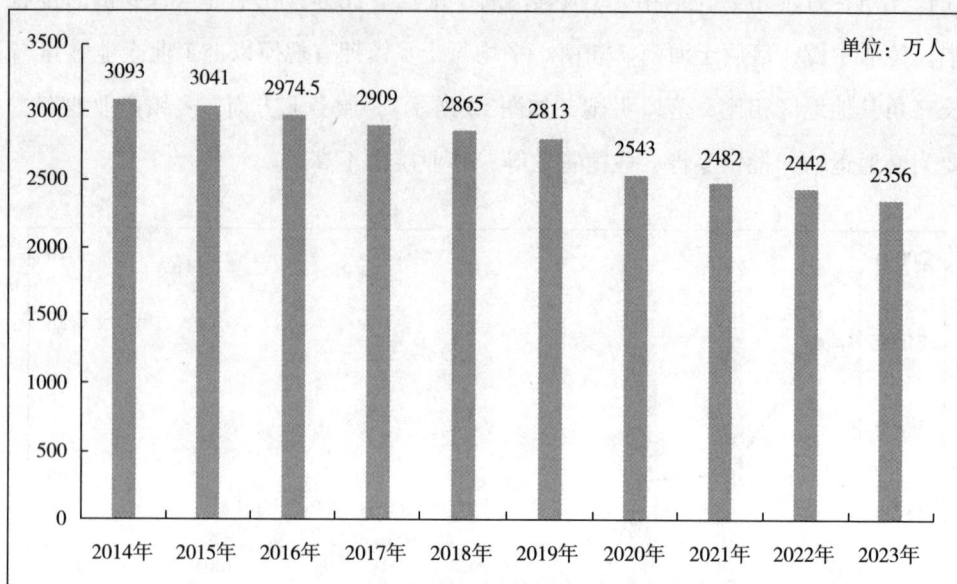

图 13　2014—2023 年全省乡村常住人口数量

　　人口密度上，除农村地区外，镇区人口集聚规模程度也相对不足。2018—2022 年，安徽省城区面积由 6190 公顷增长至 7126 公顷，增长 15%；乡镇建成区面积由 260815 公顷增长到 287217 公顷，增长 10%，低于城区 5 个百分点。城区人口由 1609 万人增长到 1955 万人，增长 21.5%；乡镇建成区人口由 2177 万人增长到 2258 万人（如图 14 所示），增长 3.7%，比城区少 17.8 个百分点。城区人口密度由 2600 人/公顷增长到 2740 人/公顷，增长 5.4%；但乡镇建成区人口密度不增反降，由 83 人/公顷降到 79 人/公顷，使得乡镇消费活力等进一步减弱。

　　人口基数上，一般认为，小城镇的镇区人口要达到 3 万人以上，容易催生二、三产业发展，有利于培育形成主导产业，发挥城镇综合集聚的功能。但目前，安徽还有 381 个乡镇户籍人数不足 3 万人，体量"娇小"，导致城镇发展潜力有限，就业机会不足，对农村剩余劳动力的吸纳能力较低，难以形成产业和人口的聚集。

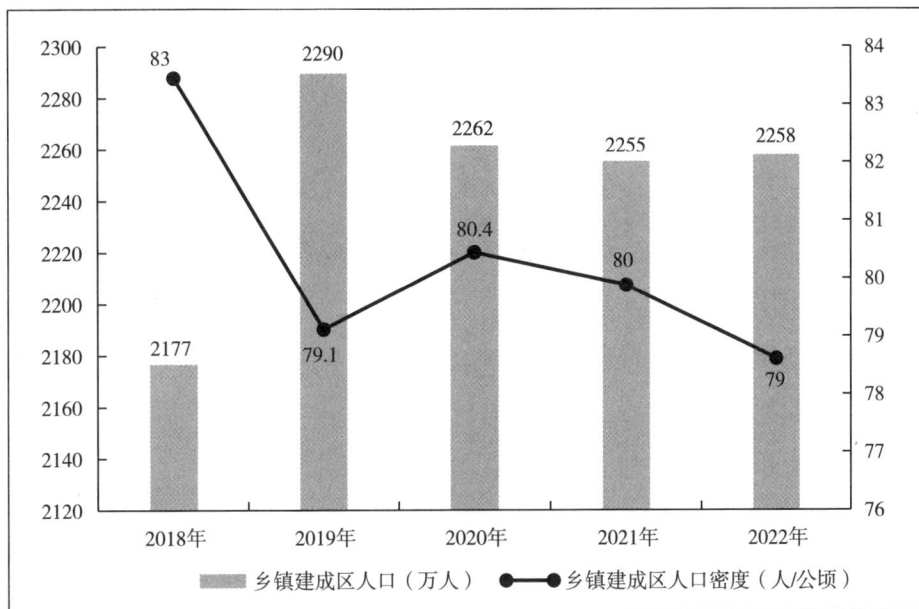

图 14　2018—2022 年全省乡镇建成区人口数量及人口密度

四、要素保障弱，资源不足，乡镇经济发展动能较弱

以"大城市化"为主流的城镇化进程中，乡镇不仅在人口等要素上虹吸作用体现不明显，在土地、资金、技术等要素的集聚上也不占优势。

土地要素方面，部分乡镇对国土空间规划编制重视程度不够，导致规划重点不突出、规划定位不准确、规划内容不科学，造成规划编制水平低，只注重满足刚性指标，未能充分考虑经济快速发展的实际，导致土地利用结构不合理、效率低下，土地大多呈现小而散的局面，无法满足大项目的用地需求。另外，在土地要素向开发园区倾斜的大背景下，乡镇新增建设用地指标报批难度大，报批成本越来越高。同时，新增用地报批周期较长，涉及征地、拆迁、补偿、安置等一系列问题，使得很多乡镇望而却步。

资本要素方面，乡镇经济建设离不开大量资金投入，但乡镇的金融信贷活动水平远低于市中心水平。一方面，乡镇金融机构无法提供满足多种产业发展需求的信贷服务，贷款难已经成为制约新型经营主体发展的"瓶颈"；另一方面，乡镇小微企业居多，大都具有轻资产性的特点，财务数据不够完备，进行产权抵押贷款往往会受制于信用等级，难以从银行获得贷款资金支持。

创新要素方面，创新是乡镇经济突破低端生产、高资源消耗问题，实现转型的重要手段。乡镇企业大多创新乏力，研发经费投入少，研发人员数量少，难以找到合理的创新思路，更难在关键的转型时期探索出新的增长点和全新的发展模式。部分乡镇拥有一批国家级、省级专精特新"小巨人"企业、高新技术企业等，但因为地理位置、经费投入等原因，创新要素、资源要素与重点产业发展未能有效集聚和整合，一定程度上存在科技成果"孤岛化"、研发活动空心化、创新资源碎片化和政策落实悬空化等现象。

人才要素方面，乡镇在区位条件、配套设施等方面缺乏优势，对人才吸引力不足，在市场化招聘中，与开发园区在同等甚至更优惠条件下的人才竞争仍处于劣势地位，长此以往导致技术人才特别是创新人才、高技能人才匮乏，制约相关产业的高质量发展。

五、机制约束多，职能不清，乡镇经济基础保障不够

乡镇既承接上级党政机关的各项政策、指令，又承担了稳定一方社会、发展一方经济、服务一方群众的职能。但"上边千条线、下边一根针""权力不大、责任重大"成为乡镇工作的真实写照。在乡镇政府的各项行政职能中，有经济收费权或行政管理权的财政、税收、国土、工商、公安等部门基本上都实现了人、财、物的条管上挂，但独立行政权几乎没有。在管理权限越来越小的同时，乡镇政府承担的责任却越来越大，除了日常党政工作外，还经常会有一些突击性、临时性或阶段性的工作，使得乡镇政府职责无限大、职权无限小。镇级政府在职能部门"属地管理"任务转嫁与辖区群众"全能型"政府诉求中夹缝履职。行政体制与经济体制、社会管理体制改革不匹配，造成基层政府的权责不对等、事权与财力不匹配、资金不足是乡镇面临的普遍问题。

虽然经历多轮事权划分和管理体制改革，乡镇"权责不匹配"等矛盾得到一定缓解，但县镇两级关系仍然没有真正理顺，二者权责边界变动频繁。强镇放权缺乏需求导向和系统思维，"放权"不"放钱"、"赋责"不"赋能"、"增事"不"增人"的"跛脚"改革依然存在。部分乡镇政府长期处于工作干不完、干不好的状态，"小马拉大车"的结构性困境尚待破除。

六、环境整治难，约束不够，乡镇经济发展空间受限

近年来，安徽坚定践行习近平生态文明思想，统筹推进环境污染防治与生态保护修复，生态环境质量持续改善。但在实践中，"重城轻乡"的倾向还没有得到根本扭转，部分地方高度重视市县城区生态环境质量改善，对乡镇层面的污染治理重视程度不够，导致乡镇层面的生态环境污染防治步伐没有跟上城市节拍。在基层综合行政执法改革背景下，乡镇综合行政执法机构可根据需要承接县级部门生态环境保护等领域的部分行政处罚事项，并以乡镇名义行使行政检查、行政处罚和部分行政强制事宜。但由于乡镇人少事多，综合执法覆盖面广，执法环境日趋复杂，执法人员业务能力不够、实践经验不足等问题，乡镇执法效果还未完全发挥。

另外，相对于城市，乡镇人居环境整治压力依然较大，多数乡镇距离宜居宜业和美乡村建设目标还有不小差距。一是整治质量有待提升。2023 年，全省乡镇生活垃圾分类处理的村比例平均在 80.2%，生活污水集中处理的村比例平均在 40%。对比全国地级及以上城市居民小区垃圾分类覆盖率超 90%、城市生活污水收集率提高到 70.4% 的成绩，乡镇生活垃圾、污水处理水平仍有待提升。二是管治融合出现断层。部分地区农村环境整治工作突击性、运动式特点比较明显，只注重了项目建设，而忽视了长效管理，环保、公路、绿化等公共设施的管护运行机制、整治成果的评价和监督机制等尚未建立。三是环保自觉意识不足。部分群众支持和参与建设的热情不高，存在等待、观望思想，村民主体作用没有很好发挥，"人的新农村"建设滞后，村民自觉、自愿投入美丽乡村建设，自觉维护美好环境的局面没有完全形成。

第三节　安徽乡镇发展面临四大趋势

一、政策红利持续释放，乡镇经济社会发展提档加速

从乡村振兴、新型城镇化战略来看，乡镇是实施乡村振兴战略的有力支撑，是推进新型城镇化的关键载体。在城乡要素流动上，包括城乡商贸、物流、集散的功能上，乡镇发挥了一个很好的提升农村、带动农民和加强农业的特殊作用。在统筹推进乡村振兴、新型城镇化，推进县域城乡融合发展的进程中，乡镇与城、村一体设计、一体推进基础设施、公共服务等方面的建设，其联城带村节点功能进一步被强化，在产业转型升级、提升基本服务配套水平、优化发展环境、增强要素集聚能力等方面迎来更多有利条件。从新发展格局构建来看，我国加快构建以国内大循环为主体、国内国际双循环相互促进的新发展格局，把实施扩大内需战略同深化供给侧结构性改革有机结合，将有力推进城乡和区域经济循环，促进农业供给侧结构性改革，进一步推动农业农村潜力释放和价值拓展，加速乡镇经济社会快速发展。在国家多重政策的导向下，乡镇必然借助此重要窗口期拉长长板、补齐短板，进一步提升综合实力，实现更高质量的跃升发展，成为县域经济的新支点和增长极。

二、要素资源不断集聚，双向自由流动机制逐步完善

乡镇流通连接生产与消费，既是巨大的消费市场，又是巨大的要素市场。2023年，全省农村常住人口达2356万人，农村居民人均可支配收入达21144元，人均消费支出达18905元，农村消费已成为全省消费市场的重要组成部分。据统计，从全国范围来看，乡镇和村两级消费市场已占我国消费市场总体的38%。从资本流动来看，乡镇巨大的消费潜力，导致越来越多的社会资本流向乡镇。有数据表明，当前社会资本已成为我国农业农村投资的主力，其投入占第一产业固

定资产投资的比重一直保持在 80% 左右。与此同时，社会资本下乡能够带动技术、人才、管理等稀缺要素向乡镇、农村流动。从人口流动来看，改革开放以来，全省城乡人口流动主要表现为从农村向城镇的单向流动，但随着制约城乡资源要素自由流动和平等交换的藩篱逐步被打破，工农城乡之间联系更加紧密、相互作用更加直接，从城镇向农村的人口也逐渐出现反向流动。此外，在经济下行压力持续增大的背景下，国家、安徽省大力支持在外农民工、企业家、大学生等群体返乡入乡创业就业，返乡入乡创业人数逐步增多，城乡人口双向流动的特征更为显著。2023 年，安徽省新返乡入乡创业近 11 万人，创办各类经济实体 6.3 万个。未来，城乡要素双向自由流动机制将进一步完善，乡镇资本、人才等要素资源将不断集聚，为乡镇发展提供更为完备的要素资源保障。

三、区域协同加速推进，乡镇建设呈现一体化态势

坚实的产业基础是乡镇高质量发展的关键，完善的基础设施和公共服务是乡镇高质量发展的重要基础，城乡一体化、城乡融合发展是未来全省乡镇发展的重要趋势。从跨区域产业发展来看，随着乡镇、村镇之间融合发展程度进一步提升，全省乡镇产业发展模式也正在从孤立封闭向区域协同一体化发展加速转变，产业集群化、跨区域化融合发展趋势将不断加速。从基本公共服务来看，全省已进入基本公共服务均等化重点突破阶段，传统的单纯按照行政等级构建城乡公共服务体系、以行政边界为依据来划定公共服务范围的发展思路的局限性日益显著。如随着城乡交通便捷度的不断提高、普通乡村居民经济条件的整体改善和乡村常驻人口的不断缩减，一些村庄基本公共服务设施的服务水平无法满足村民的基本需求；而在一些经济和交通比较发达的乡镇地区，与县区距离近、联系紧密，居民对教育资源和医疗卫生等公共服务的供给需求不断提升，不再满足于原本乡镇一级提供的公共服务。因此，立足于城乡互动、城乡统筹和区域协同的公共服务资源配置思路是大势所趋。从基础设施建设来看，当前全省城乡基础设施发展不平衡问题仍然存在，尤其是一些农村地区基础设施水平较为落后，亟需城乡统筹发展、一体化布局。未来，全省城乡基础设施、公共服务一体化规划、建

设和管理将加快推进、落实，各类设施在城乡之间的布局将更为均衡。

四、数字赋能不断强化，进一步重塑乡镇发展模式

党中央、国务院高度重视数字农业农村建设，实施推进大数据战略和数字乡村战略、"互联网+"现代农业等一系列重大部署安排。随着信息化技术的不断发展和普及，以数字化为特点的新经济得以快速崛起，全省乡镇发展也随之发生了巨大变化，数字化将成为全省乡镇经济社会发展的新方向。从产业发展来看，数字化、智能化实现更广泛应用，互联网技术和数字平台将进一步改变全省乡镇商业模式；物联网、人工智能、大数据等先进技术加快运用，将推动传统农业向智慧农业转型升级，进一步提高全省农业生产的效率和质量。从民生福祉来看，"互联网+教育""互联网+医疗健康""互联网+就业""互联网+人社"等智慧民生服务平台建设进程不断加快，着力打造泛在可及、智慧便捷、公平普惠的数字化服务体系，不断拓展全省数字惠民服务空间。从基层治理来看，数字乡村建设有利于实现乡村管理数字化、便民服务智能化、社会治理精细化，全面提升全省乡村治理水平和治理效能。未来，数字技术、信息技术的快速发展将进一步推动全省乡镇经济社会的全面发展，为乡镇发展带来更多的机遇。

第二章　多维评价："透"析综合竞争能力

要彻底解决乡镇经济发展中存在的问题，应建立生产要素双向自由流动机制，通过多措并举促进乡镇高质量发展，实现以"乡镇振兴"带动"乡村振兴"。在这个过程中，科学评价乡镇综合竞争力是关键一环。从乡镇综合竞争力的角度对安徽乡镇经济发展进行跟踪评价，能够推动各乡镇找准位次、找到短板、找出标杆，进一步强化各乡镇作为基本发展单元的作用，激励各乡镇理清发展思路，在未来发展中扬长补短，形成县域、市域乃至省域范围内乡镇争先创优的良好局面。

第一节　安徽乡镇综合竞争力评价指标体系

一、评价指标体系构建原则

评价以乡镇综合竞争力为目标，在指标权重设置上侧重综合经济实力及产业增长的贡献度和发展潜力、后劲，与经济社会高质量发展目标高度契合。构建乡镇综合竞争力评价指标体系时，主要遵循科学性、代表性、可比性、获取性四大原则。

（一）科学性原则

在进行乡镇综合竞争力评价指标的设计时，首先注重指标设计的科学性，即在指标选择上要结合乡镇高质量发展的特点和内涵，尽可能全面地覆盖乡镇综合竞争力研究所涉及的内容，能够客观真实地反映乡镇高质量发展的状况，体现乡镇经济、产业、基础设施、社会事业等领域竞争力。同时，还需要注重各指标之间的互补效应，以及指标概念简洁明确、界定范围精准，确保评价结果是符合实际的、准确的。

（二）代表性原则

在进行乡镇综合竞争力评价指标的设计时，坚持问题导向与目标导向相结合，瞄准乡镇高质量发展核心本质，聚焦乡镇高质量发展存在的主要问题和短板，遴选尽可能反映乡镇经济社会发展特征的典型代表性指标。同时，乡镇综合竞争力评价指标还要注意不能过多过细、过于烦琐和相互重叠，也要注意不能过少过简，避免指标信息遗漏，确保评价结果能反映综合情况。

（三）可比性原则

在进行乡镇综合竞争力评价指标的设计时，要注重指标的口径、范围一致，确保各乡镇统计数据的可比性。同时，在进行具体评价时，为了保证对比的精准性，需要对乡镇统计数据进行标准化、归一化和极大化或极小化等方面的无量纲化处理，消除数据之间的量纲差异，使得指标更具有可比性。

（四）获取性原则

在进行乡镇综合竞争力评价指标的设计时，在既有统计方法数据基础上，尽量采用可取、易得、计算简单的数据，尽可能选择可量化的指标，兼顾动态指标，减少主观臆断中的误差，确保评价结果客观真实。

二、评价指标体系构成及解释

遵循科学性、代表性、可比性、获取性的基本原则，聚焦新发展理念和乡村振兴战略的导向作用，课题组在借鉴《安徽乡镇综合竞争力评价报告（2023年)》的指标体系研究基础上，进一步完善优化，从经济实力、产业提升、环境治理、群众满意4个维度搭建如下指标体系：4个一级指标、24个二级指标，详见表1所列。

表1　安徽乡镇综合竞争力评价指标体系（2024）

一级指标	序号	二级指标
经济实力指数	1	地方一般公共预算收入（万元）
	2	资产总额（万元）
产业提升指数	3	农业企业单位数（个）
	4	农产品加工企业单位数（个）
	5	工业企业单位数（个）
	6	规模以上工业企业单位数（个）
	7	规模以上工业企业营业收入增速（%）
	8	限额以上批零住餐企业营业收入增速（%）
	9	营业面积50平方米以上的商店或超市数（个）
环境治理指数	10	自来水用户占总户数比例（%）
	11	管道燃气用户占总户数比例（%）
	12	通5G的村占比（%）
	13	通公交的村占比（%）
	14	生活垃圾分类处理的村占比（%）
	15	生活污水全部集中处理的村占比（%）

（续表）

一级指标	序号	二级指标
群众满意指数	16	每百名在校小学生拥有专任教师数量（人）
	17	幼儿园、托儿所数量（个）
	18	村（居）体育健身场所数量（个）
	19	村（居）图书室（馆）数量（个）
	20	文化站数量（个）
	21	每千人口医疗卫生机构床位数（张）
	22	每千人口执业（助理）医师数（人）
	23	城乡居民基本养老保险参保人数占户籍人口比重（%）
	24	城乡居民基本医疗保险参保人数占户籍人口比重（%）

（一）经济实力指数

经济实力指数主要由地方一般公共预算收入、资产总额 2 个指标组成，反映乡镇高质量发展的经济规模。

① 地方一般公共预算收入：属于地方一般公共预算的收入，包括城市维护建设税（不含铁道部门、各银行总行、各保险公司总公司集中缴纳的部分）、房产税、城镇土地使用税、土地增值税、车船税、耕地占用税、契税、烟叶税、印花税（不含证券交易印花税）、增值税 50% 的部分、纳入共享范围的企业所得税 40% 的部分、个人所得税 40% 的部分、海洋石油资源税以外的其他资源税、地方非税收入等。

② 资产总额：指年末乡镇政府拥有的以货币计量的全部资产总额，包括各种财产、债权等资产。

（二）产业提升指数

产业提升指数主要由农业企业单位数、农产品加工企业单位数、工业企业单位数、规模以上工业企业单位数、规模以上工业企业营业收入增速、限额以上批零住餐企业营业收入增速、营业面积 50 平方米以上的商店或超市数 7 个指标组成，反映乡镇高质量发展的产业动能。

① 农业企业：指通过种植、养殖、采集和渔猎等生产经营而取得产品的营利性经济组织，包括集体经营、私营、合作经营等各种类型的农业企业。不包括按国民经济行业分类划分为工业企业的农产品加工企业。

② 农产品加工企业：指以农产品及其附产品为原料进行加工、生产和销售的工业企业，包括制造业的农副食品加工业，食品制造业，酒、饮料和精制茶制造业，烟草制品业，皮革、毛皮、羽毛及其制品，木材加工和木、竹、藤、棕、草制品业，造纸和纸制品业，中药加工，橡胶制品制造以及农产品为原料的化工制造等行业。

③ 工业企业：指按行业划分标准为工业的企业单位。

④ 规模以上工业企业：指年主营业务收入 2000 万元及以上的工业法人企业。

⑤ 规模以上工业企业营业收入增速：指规模以上工业企业从事销售商品、提供劳务和让渡资产使用权等生产经营活动形成的经济利益流入增速。

⑥ 限额以上批零住餐企业营业收入增速：批发业年主营业务收入 2000 万元及以上、零售业年主营业务收入 500 万元及以上、住宿餐饮业年主营业务收入 200 万元及以上的企业的营业收入增速。

⑦ 营业面积 50 平方米以上的商店或超市：指营业面积超过 50 平方米的从事商品批发或者零售业务的商店或超市。

（三）环境治理指数

环境治理指数主要由自来水用户占总户数比例、管道燃气用户占总户数比例、通 5G 的村占比、通公交的村占比、生活垃圾分类处理的村占比、生活污水全部集中处理的村占比 6 个指标组成，反映乡镇高质量发展的生态宜居条件。

① 自来水用户占总户数比例：指集中式供水工程和城市供水管网延伸工程供水到户（院）的住户数占本乡镇户籍户数的比例。

② 管道燃气用户占总户数比例：指使用管道燃气的家庭户，不包括使用煤

气罐的家庭户,占本乡镇户籍户数的比例。

③ 通 5G 的村占比:指 5G 网络通达行政村的数量占乡镇行政村总数的比例。

④ 通公交的村占比:指公交通达行政村的数量占乡镇行政村总数的比例。

⑤ 生活垃圾分类处理的村占比:生活垃圾分类处理是指按一定规定或标准将垃圾分类储存、投放和搬运,转变成公共资源的一系列活动的总称。生活垃圾分类处理的村占比是指实现该活动的村占本乡镇行政村总数的比例。

⑥ 生活污水全部集中处理的村占比:生活污水全部集中处理指本村地域内有污水处理设施进行生活污水集中处理,或者虽然没有污水处理设施,但是对生活污水统一集中收集由其他单位处理。生活污水全部集中处理的村占比是指实现该活动的村占本乡镇行政村总数的比例。

(四)群众满意指数

群众满意指数主要由每百名在校小学生拥有专任教师数量,幼儿园、托儿所数量,村(居)体育健身场所数量,村(居)图书室(馆)数量,文化站数量,每千人口医疗卫生机构床位数,每千人口执业(助理)医师数,城乡居民基本养老保险参保人数占户籍人口比重,城乡居民基本医疗保险参保人数占户籍人口比重 9 个指标构成,反映乡镇高质量发展的生活幸福水平。

① 每百名在校小学生拥有专任教师数量:指专任教师数量/(在校小学生/100)×100%。小学专任教师,指在小学中专门从事教学工作的固定教师、民办教师,不包括兼职教师和临时代课教师以及管理、后勤人员。小学专任教师包含小学教师,九年一贯制学校、十二年一贯制学校负责小学阶段教学的教师,不能准确划分的可按小学生占比推算。小学在校学生,指学年开学后,在小学学习、具有学籍的学生,包括留级生,不包括复读生和补习生。小学在校学生包含小学的学生、九年一贯制学校及十二年一贯制学校小学阶段的在校学生。

② 幼儿园、托儿所:幼儿园指本辖区内实有的幼儿园。包括学前班,以及

虽未经有关部门批准，但有一定规模（儿童数超过 10 人）的个人办幼儿园。托儿所指本辖区内实有的托儿所，以及虽未经有关部门批准，但有一定规模（儿童数超过 10 人）的个人办托儿所。

③ 村（居）体育健身场所：指下辖行政村和涉农社区范围内由集体、个人或其他机构设立的主要以服务公众为目的，有固定场所和必要设施的站、馆、场所等，包括有体育健身或运动器材、篮球架、乒乓球台等体育设施。

④ 村（居）图书室（馆）：指经过有关部门批准，设立于下辖行政村和涉农社区范围内，并对公众开放的图书室（馆）。不包括单位内部的图书室（馆）。

⑤ 文化站：指文化和旅游部门管理的，设立于本辖区内并对公众开放的文化站。

⑥ 每千人口医疗卫生机构床位数：指各级各类医疗卫生机构年底的固定实有床位（非编制床位）/人口数×1000，包括正规床、简易床、监护床、超过半年的加床、正在消毒和修理的床位、因扩建或大修而停用的床位，不包括产科新生儿床、接产室待产床、库存床、观察床、临时加床和病人家属陪侍床。

⑦ 每千人口执业（助理）医师数：指执业医师和执业助理医师数量/人口数×1000。执业医师是指具有《医师执业证书》及其"级别"为"执业医师"且实际从事医疗、预防保健工作的人员，不包括实际从事管理工作的执业医师。执业助理医师是指具有《医师执业证书》及其"级别"为"执业助理医师"且实际从事医疗、预防保健工作的人员，不包括实际从事管理工作的执业助理医师。

⑧ 城乡居民基本养老保险参保人数占户籍人口比重：指报告期末参加城乡居民基本养老保险（在经办机构参保登记并已建立缴费记录以及制度实施当年已经年满 60 周岁并在经办机构参保登记）的人数（不包括已经办理注销登记手续人数）/户籍人数。

⑨ 城乡居民基本医疗保险参保人数占户籍人口比重：指报告期末参加由医疗保障部门管理的城乡居民基本医疗保险的人数/户籍人数。

第二节　安徽乡镇综合竞争力评价方法

一、评价范围

依据民政厅发布的《安徽省 2023 年 12 月行政区划简册》，结合实际情况，以全省 1235 个乡镇为评价研究范围，其中 1011 个镇、224 个乡（含 7 个回族乡、1 个回族满族乡、1 个畲族乡）。

二、数据来源

2023 年乡（镇）社会经济基本情况统计资料、2023 年村社会经济基本情况（含涉农居委会）统计资料。

三、计算方法

（一）单项指标的无量纲化处理

由于参加排序的指标为不同经济社会发展内容的数据，而且计量单位也不同，因此首先要进行科学的标准化处理，并通过设定基准值，降低极值对分差的影响。其计算方法是：i 乡镇指标 A 的规格化指数 =（Ai − minA / maxA − minA）×60+40（正指标）（安徽乡镇综合竞争力评价指标体系均由正指标构成）。

（二）指标赋权

采用专家打分法，邀请相关领域专家综合考虑各类指标对乡镇综合竞争力的影响，依据经验对各项指标重要性进行判断、打分赋权。对专家赋权结果进行统计处理，确定指标最终权重。某项指标越重要，其分值越高，权重越大。

（三）计算综合指数

综合指数为各单项指标的规格化指数与该指标权重的乘积之和。

（四）对数变换处理

对综合指数进行对数变换处理并转化为百分制，最终得分 = LN（加权总分）/LN（指标加权满分）×100。

（五）排序

按综合指数的大小，对所有乡镇进行排序，得出全省乡镇综合竞争力评价结果。

第三节　安徽乡镇综合竞争力评价结果

2023 年，全省乡镇总户籍人口 5761.3 万人，占全省总户籍人口 90% 以上；总行政区域土地面积 1293 万公顷，占全省行政区域土地面积 92% 以上。乡镇规模体量较大，在区域经济中具有举足轻重的地位。

依据评价计算方法，课题组测算出安徽乡镇综合竞争力评价结果（见附件）。总的来看，2023 年全省乡镇高质量发展再上新台阶：经济实力更强，乡镇一般公共预算收入达 543.9 亿元，同比增长 3%；主体数量更多，乡镇工业企业数量达 83154 个，同比增长 9%；乡镇规模以上工业企业数量达 9734 个，同比增长 5%（如图 15 所示）；工业增长更快，平均规模以上工业企业营业收入增速达 11%，大幅超出全国平均水平；头部力量更大，个别乡镇一般公共预算收入突破 20 亿元大关、规模以上工业企业单位数突破 300 家。基础设施、人居环境日趋优化提升，群众的获得感成色更足、幸福感更可持续、安全感更有保障。

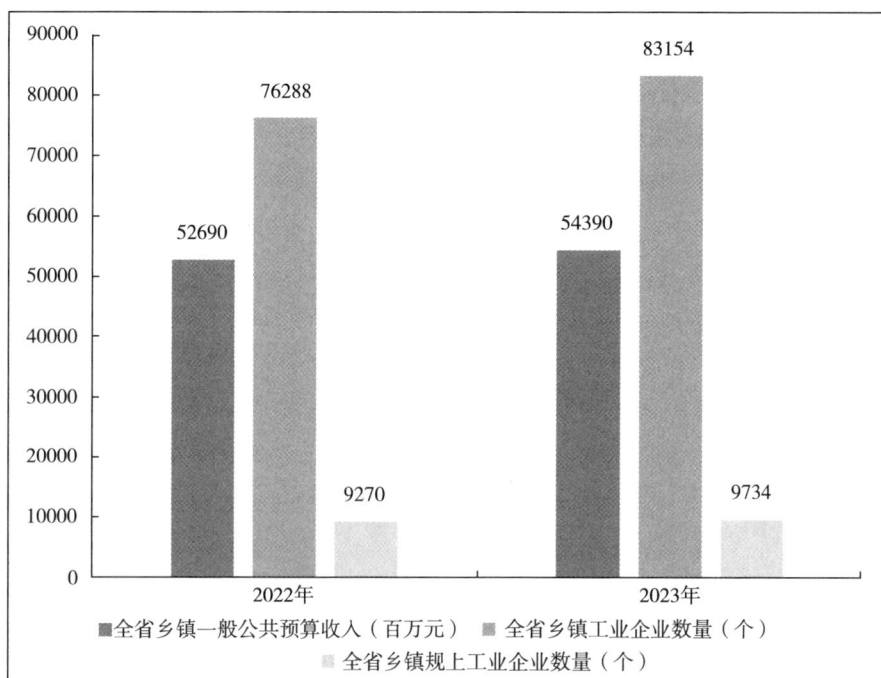

图 15　2022—2023 年全省乡镇一般公共预算收入、工业企业及规模以上工业企业情况

第三章 头部领航:"数"绘百强发展图景

综合竞争力评价的数据结果表明,部分乡镇在全省乡镇经济和社会的发展中起着示范和领跑作用,占据举足轻重的地位。这些乡镇区位条件、产业基础、生态环境各不相同,提升竞争力的"打法"又有共通之处。分析研究其发展特征和分布特征,找出其共有的发展规律,可以进一步放大"标杆效应",为其他乡镇指明路径,助力找到发展密码。

第一节 综合竞争力100强乡镇发展特征

综合竞争力100强乡镇（见表2所列）以占全省乡镇10.7%的行政区域面积（138.3万公顷）和14.4%的人口（829.9万人）贡献了40.3%的一般公共预算收入（219.2亿元）、37.8%的规模以上工业企业数量（3680家）、34.4%的工业企业数量（28645家）。自来水用户占总户数比例、管道燃气用户占总户数比例、通5G的村占比、通公交的村占比、生活垃圾分类处理的村占比、生活污水全部集中处理的村占比等各项指标均领先全省乡镇均值，整体经济强、产业优、环境美、生活好。

表2 安徽乡镇综合竞争力100强（2024）

排名	县（市、区）	乡镇
1	湾沚区	湾沚镇
2	广德市	新杭镇
3	肥西县	桃花镇
4	界首市	田营镇
5	繁昌区	孙村镇
6	颍上县	慎城镇
7	太和县	城关镇
8	舒城县	杭埠镇
9	肥西县	上派镇
10	天长市	铜城镇
11	无为市	无城镇
12	利辛县	城关镇
13	无为市	高沟镇
14	湾沚区	六郎镇

（续表）

排名	县（市、区）	乡镇
15	濉溪县	濉溪镇
16	阜南县	鹿城镇
17	固镇县	谷阳镇
18	长丰县	双墩镇
19	徽州区	岩寺镇
20	肥西县	花岗镇
21	含山县	环峰镇
22	南陵县	籍山镇
23	肥西县	官亭镇
24	桐城市	新渡镇
25	长丰县	下塘镇
26	长丰县	岗集镇
27	天长市	秦栏镇
28	桐城市	范岗镇
29	和县	历阳镇
30	肥东县	撮镇镇
31	霍山县	衡山镇
32	潜山市	梅城镇
33	博望区	博望镇
34	南陵县	许镇镇
35	当涂县	姑孰镇
36	怀宁县	高河镇
37	金寨县	梅山镇
38	广德市	邱村镇
39	湾沚区	陶辛镇
40	潜山市	源潭镇
41	鸠江区	二坝镇
42	五河县	城关镇
43	肥东县	店埠镇

（续表）

排名	县（市、区）	乡镇
44	寿县	寿春镇
45	鸠江区	沈巷镇
46	天长市	汊涧镇
47	南陵县	弋江镇
48	肥西县	紫蓬镇
49	繁昌区	繁阳镇
50	肥东县	梁园镇
51	宣州区	狸桥镇
52	无为市	石涧镇
53	蒙城县	乐土镇
54	当涂县	太白镇
55	全椒县	襄河镇
56	郎溪县	十字镇
57	舒城县	城关镇
58	东至县	尧渡镇
59	临泉县	鲖城镇
60	当涂县	年陡镇
61	泾县	泾川镇
62	龙子湖区	长淮卫镇
63	肥东县	长临河镇
64	繁昌区	荻港镇
65	屯溪区	黎阳镇
66	太湖县	晋熙镇
67	东至县	大渡口镇
68	博望区	丹阳镇
69	金安区	三十铺镇
70	广德市	誓节镇
71	长丰县	吴山镇
72	天长市	仁和集镇

（续表）

排名	县（市、区）	乡镇
73	湾沚区	红杨镇
74	湾沚区	花桥镇
75	临泉县	高塘镇
76	阜南县	黄岗镇
77	和县	姥桥镇
78	和县	乌江镇
79	长丰县	水湖镇
80	濉溪县	百善镇
81	天长市	金集镇
82	望江县	高士镇
83	义安区	钟鸣镇
84	繁昌区	新港镇
85	肥西县	铭传乡
86	当涂县	黄池镇
87	当涂县	石桥镇
88	肥东县	石塘镇
89	灵璧县	灵城镇
90	无为市	严桥镇
91	裕安区	平桥乡
92	巢湖市	炯炀镇
93	歙县	徽城镇
94	肥西县	严店镇
95	全椒县	十字镇
96	颍泉区	伍明镇
97	怀远县	荆山镇
98	颍泉区	宁老庄镇
99	谯城区	古井镇
100	庐江县	庐城镇

一、经济引领优势更明显

综合竞争力100强乡镇经济实力普遍超出全省平均水平。其中,人均创造一般公共预算收入达0.26万元/人,是全省乡镇均数的(0.10万元/人)2.6倍。平均每个乡镇的地方一般公共预算收入达2.2亿元,是全省乡镇平均水平(0.44亿元)的5倍;数据区间分布上,呈现"中间大、两头小"的"橄榄球"形状特征(如图16所示):一般公共预算收入达到5亿元以上的乡镇有5个,一般公共预算收入在5000万元以下的乡镇7个,大多数乡镇一般公共预算收入集中在5亿元以下、5000万元以上的范围内。受新投产重大项目拉动,部分乡镇一般公共预算收入较去年出现大幅增长,比如长丰县下塘镇增长66.4%、广德市新杭镇增长78%等,带动榜单名次跃升。在资产总额上,平均每个乡镇的资产总额达2.7亿元,是全省乡镇平均水平(1.08亿元)的2倍余,资产总额达274.3亿元,约占全省乡镇总数(1330.9亿元)的1/5,"家底"相对较好。

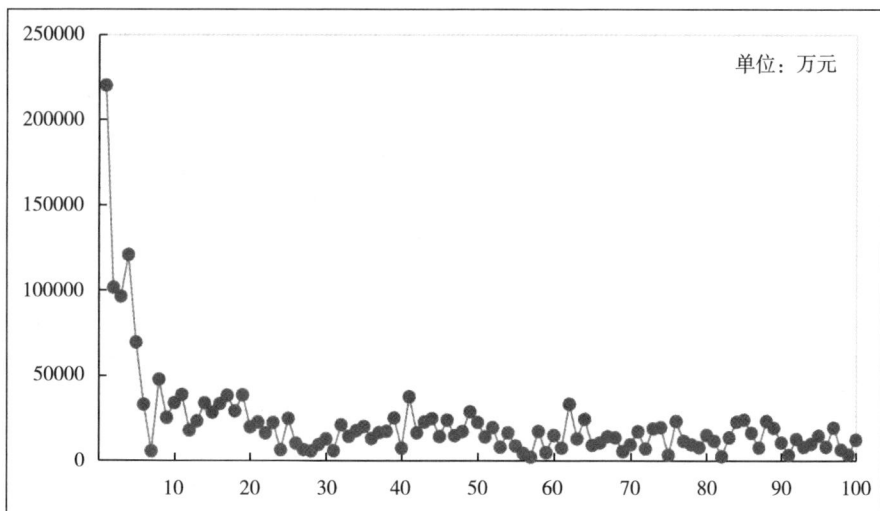

图16 2023年综合竞争力100强乡镇一般公共预算收入分布情况

二、产业发展基础更坚实

坚实的产业基础是支撑强镇跻入100强的关键因素之一。综合竞争力100强乡镇农业企业达 3122 个，占全省乡镇（24014 个）的 13%；农产品加工企业达 2406 个，占全省乡镇（15560 个）的 15.5%，平均每个乡镇拥有农业企业数量（31 家）、农业加工企业数量（24 家），分别达全省乡镇的 1.6 和 1.8 倍；南陵县弋江镇、广德市新杭镇及邱村镇、濉溪县百善镇、湾沚区六郎镇、当涂县黄池镇、望江县高士镇等 7 个乡镇入选首批国家农业产业强镇，成为农业全产业链发展的典型。综合竞争力 100 强乡镇平均拥有工业企业数量 286 个，是全省乡镇均数（67 个）的 4 倍余；平均拥有规模以上工业企业数量 37 个，是全省乡镇均数（7.9 个）的 4.6 倍余；高沟镇、历阳镇等 13 个强镇规模以上工业企业数量达到 80 家以上，湾沚镇、新杭镇等 4 个强镇规模以上工业企业数量达到 100 家以上。26 个乡镇规模以上工业企业营业收入增速超出全省平均增速（10.97%），41 个乡镇规模以上工业企业营业收入增速超出全国平均增速（1.1%）；平均限额以上批零住餐企业营业收入增速达 82%，超出全省乡镇平均水平 50 个百分点；营业面积 50 平方米以上的商店或超市达 16202 个，占据全省乡镇总数（100827 个）的 16%；平均每个乡镇营业面积 50 平方米以上的商店或超市达 162 个，比全省乡镇均数（82 个）多出 80 个，消费品市场总体暖意盈盈（见表 3 所列）。

表3　2023 年综合竞争力 100 强乡镇产业发展情况　　　　单位：个

	100 强乡镇	全省乡镇
平均每个乡镇拥有农业企业数量	31	19
平均每个乡镇农业加工企业数量	24	13
平均拥有工业企业数量	286	67
平均拥有规模以上工业企业数量	37	7.9
平均每个乡镇营业面积 50 平方米以上的商店或超市数量	162	82

三、基础设施建设更完善

综合竞争力 100 强乡镇基础设施相对完善，平均每个乡镇自来水用户占总户数比例达 100%，比全省乡镇平均水平超出 14 个百分点；平均每个乡镇管道燃气用户占总户数比例达43%,比全省乡镇平均水平超出 34 个百分点;平均每个乡镇通 5G 的村占比及通公交的村占比分别达 92.5%、95.3%,分别超出全省乡镇平均水平 3 个百分点、3.5 个百分点;共有 52 个、61 个乡镇的下辖村实现全面通 5G、通公交;共 55 个乡镇全部实现下辖村生活垃圾分类处理;平均每个乡镇生活垃圾分类处理的村比例达 86.2%,超出全省乡镇平均水平(80.2%)6 个百分点;生活污水全部集中处理的村比例达到 100% 的乡镇数量有 17 个;平均每个乡镇生活污水全部集中处理的村比例达 51.5%,超出全省乡镇平均水平(40%)11.5 个百分点(如图 17 所示)。

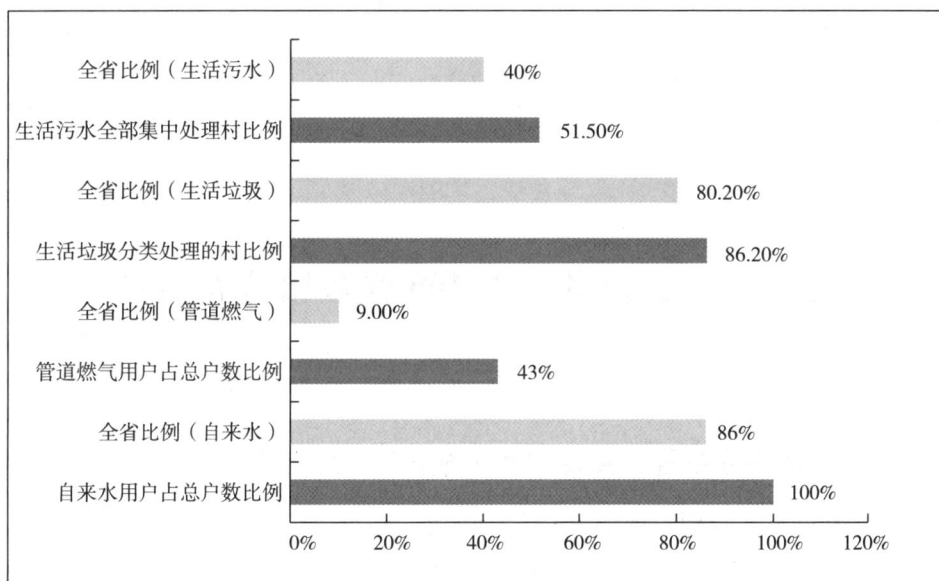

图 17　2023 年综合竞争力 100 强乡镇基础设施建设情况

四、社会事业发展更充分

全省综合竞争力 100 强乡镇幼儿园、托儿所共 1740 个,平均每个乡镇幼儿园、托儿所数量为 17 个,高出全省乡镇均值(8 个)9 个;下辖涉农村体育健身场所数量共 4386 个,平均每个乡镇拥有体育健身场所数量为 44 个,比全省乡镇均数(28 个)多出 16 个;拥有文化站 127 个;平均每个乡镇每千人口医疗卫生机构床位数达 7 张，超出全省乡镇均数 5 张；平均每个乡镇每千人口执业（助理）医师为 3 人，超出全省乡镇均数 2 人（见表 4 所列）；平均每个乡镇城乡居民基本养老保险参保人数占户籍人口比重为 45%；平均每个乡镇城乡居民基本医疗保险参保人数占户籍人口比重为 76.1%。

表 4　2023 年安徽乡镇综合竞争力 100 强乡镇公共事业发展情况

	100 强乡镇	全省乡镇
平均幼儿园、托儿所数（个）	17	8
平均体育健身场所数（个）	44	28
平均每千人口医疗卫生机构床位数（张）	7	2
平均每千人口执业（助理）医师（人）	3	1

第二节　综合竞争力 100 强乡镇分布特征

一、从板块分布看，实现"线上成景""面上开花"

合肥都市圈（合肥、淮南、六安、滁州、芜湖、马鞍山、蚌埠、桐城）作为全省发展的核心增长极作用进一步显现，区域乡镇入榜数量共 68 个，半数以上乡镇（38 个）跻身前 50 名；皖南地区（黄山、池州、宣城、马鞍山、芜湖、铜陵、安庆）与皖北地区〔淮北、亳州、宿州、蚌埠、阜阳、淮南以及滁州市的定远、凤阳、明光和六安市的霍邱 4 个县（市）〕的差距依旧存在，皖南地区乡镇入榜数量 48 个，皖北地区乡镇入榜数量仅 20 个，整体差距较大；皖江示范区（合肥、芜湖、马鞍山、铜陵、安庆、池州、滁州、宣城 8 个市和六安市金安区、舒城县）城市体量较大，引领全省高质量发展的支撑力量也较为强大，区域乡镇入榜数量共 73 个，整体乡镇发展水平较为优异（见表 5 所列）。

表5 综合竞争力100强和50强乡镇板块分布(2024) 单位:个

板块	100强乡镇数量	50强乡镇数量
合肥都市圈	68	38
皖南地区	48	24
皖北地区	20	9
皖江示范区	73	32

二、从地市分布看,中心城市"独占鳌头"

省会合肥市乡镇入榜数量最多,共19个,近乎占据总数1/5;省域副中心城市芜湖市乡镇入榜数量排名第2,共18个,仅少于合肥市1个;马鞍山市、阜阳市乡镇入榜数量以微幅差距分列第3、第4,共11个、10个;安庆市、滁州市乡镇入榜数量均为7个,并列第5名;再往后,依次是六安市、宣城市,分别有6个、5个乡镇入榜;蚌埠市、黄山市均有4个乡镇入榜;亳州市、池州市、淮北市均有2个乡镇入榜;淮南市、铜陵市和宿州市入围乡镇数量较少,均仅有1个(如图18所示)。

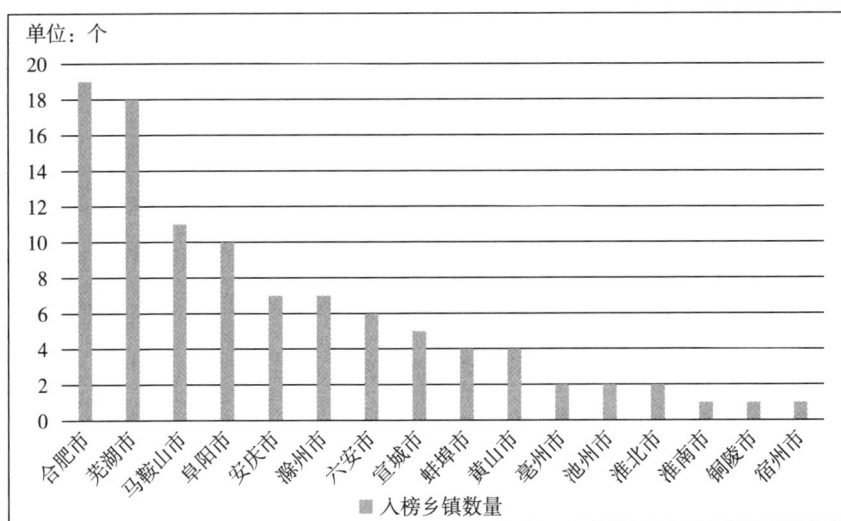

图18 乡镇综合竞争力100强乡镇地市分布(2024)

三、从县域分布看，"几家欢喜几家愁"

综合竞争力100强的乡镇分布在50个县（市、区），占全省县（市、区）总量的48%。其中，肥西县入榜乡镇数量最多，占有7席；当涂县、肥东县、天长市、湾沚区、长丰县入榜乡镇数量并列第2，占有5席；繁昌区、无为县并列第3，占有4席；广德市、和县、南陵县入榜乡镇数量并列第4，占有3席；其后是博望区、东至县、阜南县、临泉县、鸠江区、潜山市、舒城县、全椒县、濉溪县、桐城市、颍泉县，均各有2个乡镇入榜；最后是巢湖市、固镇县、含山县、怀宁县、怀远县、霍山县、界首市、金安区、金寨县、泾县、郎溪县、利辛县、灵璧县、龙子湖区、庐江县、蒙城县、谯城区、寿县、太和县、太湖县、屯溪区、歙县、徽州区、望江县、五河县、宣州区、义安、颍上县、裕安区等县（市、区），仅1个乡镇入榜（见表6所列）。

从整体结果看，发展较好的地区其乡镇综合竞争力表现更为突出。全省综合竞争力100强乡镇主要分布在强市、强县（市、区），为市域、县域整体实力的增强起到支撑作用。

表6　综合竞争力100强乡镇县域分布（2024）

城市	县（市、区）	100强乡镇数量
合肥市	肥东县	5
	肥西县	7
	长丰县	5
	庐江县	1
	巢湖市	1
芜湖市	繁昌区	4
	无为市	4
	湾沚区	5
	南陵县	3
	鸠江区	2

（续表）

城市	县（市、区）	100强乡镇数量
马鞍山市	当涂县	5
	和县	3
	博望区	2
	含山县	1
阜阳市	阜南县	2
	临泉县	2
	界首市	1
	利辛县	1
	颍上县	1
	太和县	1
	颍泉区	2
六安市	舒城县	2
	金寨县	1
	霍山县	1
	金安区	1
	裕安区	1
滁州市	天长市	5
	全椒县	2
安庆市	桐城市	2
	潜山市	2
	怀宁县	1
	太湖县	1
	望江县	1
宣城市	广德市	3
	郎溪县	1
	宣州区	1

（续表）

城市	县（市、区）	100 强乡镇数量
蚌埠市	怀远县	1
	固镇县	1
	五河县	1
	龙子湖区	1
黄山市	屯溪区	1
	歙县	1
	泾县	1
	徽州区	1
亳州市	蒙城县	1
	谯城区	1
池州市	东至县	2
淮北市	濉溪县	2
淮南市	寿县	1
铜陵市	义安区	1
宿州市	灵璧县	1

第三节   综合竞争力 100 强乡镇发展规律

一、利用较好的交通区位条件，聚势而起

综合竞争力 100 强乡镇地理区位较为特殊，或是县政府的所在地，或是临近城区，或是处于两区交界区域。比如，安徽乡镇综合竞争力 100 强乡镇中，城关镇占比 30%。作为就地城镇化的重要载体，城关镇集聚人流、物流、产业，自然带动自身高质量发展。此外，蜀山区的井岗镇、小庙镇，肥西县花岗镇等位于

城郊交接地区的乡镇或城市中心除城关镇外的乡镇，由于距离城市中心较近，经济、社会、文化、服务等功能与城市中心城区功能紧密联系，产业上与中心城市互补配套，基础设施上与中心城市互联互通，公共服务上与中心城市共建共享，治理上与中心城市水平相近，能够承接城市外溢功能，也有着得天独厚的发展优势。以及位于省际、市际、县际交界的乡镇，利用毗邻区位优势，强化交通服务基础设施，聚集服务、物流、教育、医疗、信息、政策等要素，成为边界发展的重点。比如，马鞍山市博望区丹阳镇，是"一脚踏两省"的商贸重镇，一半在江苏省范围，一半在安徽省内，近年来依靠区位优势打造省际合作园区，重点吸纳南京市江宁区的高端装备制造、新能源汽车关键零部件等产业，实现经济高速增长。

二、专注发展自身特色产业，久久为功

全省综合竞争力 100 强乡镇，不论分属于哪一区域、距离主城远或是近，几乎都拥有自身特色产业基础。这些产业或是依靠自身资源优势和专业市场发展起来的传统产业，或是依靠外来产业转移发展起来的嵌入产业。以此为基础，其在人口吸纳和经济集聚上具有较强的能力。专注传统产业提升发展方面，例如芜湖市无为市高沟镇，是全国闻名的电缆之乡，且在高沟镇的辐射带动下，无城镇、姚沟镇、泥汊镇等周边乡镇的电线电缆产业逐渐发展壮大，成为全国最大的特种电缆产业基地；例如潜山源潭镇，专注发展刷业，2023 年刷业经营主体有近5000 家，刷业产值超过 100 亿元，行业规模国内第一，环卫刷、工业刷、民用刷分别占国内市场份额的 90%、70%、30%，远销全球 70 多个国家，带动全镇一半人口就业。做大做强外来嵌入产业方面，例如在全国范围内声名大噪的长丰县下塘镇，抢抓合肥市打造世界级新能源汽车之都的历史机遇，依托比亚迪合肥超级工厂，积极打造合肥下塘新能源汽车城，奋力建设合肥先进制造业发展新高地，正在实现从"烧饼小镇"到"千亿强镇"的华丽转身。

三、把握农文旅商资源禀赋，融合发展

综合竞争力 100 强乡镇中，大部分乡镇拥有一定的资源优势，或为优越的农

业种植条件，或为优美的自然风光和特色的历史文化。这些乡镇依托当地资源优势，在产业融合背景下，围绕生态农业、文化旅游等产业进行综合开发，不断激发新业态、新模式。例如，歙县徽城镇坚持"点上有风韵、线上有风光、面上有风景"理念，统筹推进景区建设，并深入挖掘徽文化、徽墨、歙砚、剪纸、竹编等特色文化资源，开展形式多样的节庆、赛事活动，带动乡村旅游产业持续发展。例如，宣州区狸桥镇串联新四军二支队等红色资源及南姥咀、昆山湖、白马山庄、景域谷、宣州窑、龙溪塔等文旅资源，打造"红色故狸""追忆狸桥""休闲康养"等精品乡村游路线，不断夯实基础设施建设，有效完善配套服务功能，做好农文旅商深度融合发展文章，以其独特的"红色"魅力吸引游客纷至沓来。

第四章　全域镇兴："谋"划镇域提升方略

　　新阶段推进乡镇高质量发展，要树立"全省一盘棋"的思路，加强顶层设计和整体谋划，针对乡镇发展的短板弱项，着力突出链式思维、推动产业发展，突出精细理念、完善基层治理，突出普惠思想、强化基本公共服务，突出强基意识、健全基础设施，大力提升乡镇发展能级，凝聚合力高质高效推进典型强镇建设，增强辐射带动能力，更好为区域高质量发展服务。

第一节　优产业，实现"转型升级、强链聚群"

一、聚焦动力"链"：以新质生产力赋能传统产业转型升级

利用新质生产力赋能传统产业，特别是传统制造业高端化发展，推动传统制造业优势领域锻长板，推进强链延链补链，加强新技术新产品创新迭代，加快迈向价值链中高端。推进数字经济与传统产业深度融合，立足不同产业特点和差异化需求，推动传统产业全方位、全链条数字化转型，创新发展智慧农业、数字商务等业态，提高全要素生产率。发挥人工智能对传统产业的撬动作用，为传统产业转型升级植入智慧大脑。实施"人工智能+"行动，推进 AI 大模型在工业领域落地应用。实施"智慧建设"行动，打造智慧商圈、智慧供应链、智慧物流、智慧港口、智慧金融、智慧能源等创新场景，引领服务业发展。加快大数据、云计算、5G、物联网等信息技术与制造全过程、全要素深度融合，全面推动智能制造。打造地方政府、高校、科研院所、企业的深度融合创新平台，建立产学研用协同创新机制。

二、聚焦规模"链"：培育一批以镇域为单元的小型、微型产业集群

加快产业聚集和业态创新，建设以乡镇所在地为中心的产业集群，紧密对接、有机融入新显示器、集成电路、新能源汽车和智能联网汽车、人工智能和智能家电等战略性产业集群建设。支持农产品加工流通企业重心下沉，向有条件的乡镇和物流节点集中。立足特色产业发展基础，加快要素聚集和业态创新，辐射和带动周边区域产业发展。引导工商资本围绕二、三产业，向粮食主产区和特色农产品优势区集聚，打造"原料基地+产地初加工+园区深加工"产业集群。打造集聚特色产业，兼具特色文化、特色生态和特色建筑等鲜明魅力微型产业集聚

区，实现小镇消费聚集、业态新颖、人口就业带动、生态优化、幸福价值提升等多重作用。

三、聚焦路径"链"：丰富"三产融合"的富民业态

坚持种养一块抓、粮肉一块抓、头尾一块抓，做好"粮头食尾""畜头肉尾""农头工尾"增值大文章。提高特色种养质效，严守耕地红线，稳定粮食播种面积，切实保障粮食和重要农产品稳定安全供给，逐步把永久基本农田全部建成高标准农田，稳定提升粮食播种面积和单位产量。支持设施农业现代化提升，改造升级老旧蔬菜种植设施、畜禽养殖场和水产养殖池塘，发展标准化种植养殖等。以农产品加工业促一产、推三产，推进原材料在乡镇就地就近加工转化。在特色农业主产区、优势区乡镇建设一批农产品初加工或精深加工基地，扶持初加工市场主体，壮大深加工龙头企业。延长农产品加工链条，促进加工副产物循环、全值、梯次利用，推动产地初加工、精深加工、综合利用加工协调发展，着力打造农产品加工重点乡镇。推动农文旅融合发展。坚持以文塑旅、以旅彰文，努力打造长三角最受欢迎的后花园和旅游目的地。对涉农镇特别是特色农产品优势区，补齐农产品物流、营销短板，建设集冷链物流仓储、产品分级分拣、现代市场交易、电商直播营销等功能于一体的为农服务综合体。

四、聚焦配套"链"：壮大多元化的产业主体

大力扶持中小企业，最大程度落实中小企业帮扶政策，充分保障中小企业权益，减轻中小企业负担，激发中小企业活力。支持中小企业与外部大型企业建立合作关系，借助大企业的先进管理经验和技术并结合自身的实际情况，实现快速发展。培育新型经营主体。推进龙头企业和家庭农场、农民合作社、村集体经济组织联合与合作，鼓励有条件的经营主体以特色农产品、土地、资金为纽带组建专业化联合体，探索发展公司化专业合作社，支持特色化、示范型家庭农场提质升级，支持龙头企业建设集生产、科研、科普于一体的循环经济基地，推动小农户与现代农业有机衔接。鼓励农民创新创业。广泛开展创新创

业教育，选取一些典型的农民成功创业案例，利用微信、微博、抖音等新媒体平台加强宣传，帮助农民形成正确的创业思维，并制定相关政策，鼓励乡村群众自主创业。

第二节　抓治理，实现"精细管理、深度融合"

一、科学推进基层简政赋权，破解"小马拉大车"难题

精准分类确立乡镇简政赋权事项。坚持应放尽放、应接尽接，全面分析研判，广泛征求社会各界意见，按照"基本盘+自选"的方式，科学合理拟定赋权目录，对贴近群众生产生活、利于基层管理的行政处罚事项进行充分赋权，缓解以往县直部门"能管管不到"、乡镇"想管管不了"的问题。加快厘清县乡职责边界。充分运用安徽省"全省一单"权责清单制度体系建设成果，围绕进一步健全基层治理体系，以法律法规规章、各级党委政府文件、"三定"规定和权责清单为基础，构建乡镇街道"一目录三清单"权责清单制度体系。全面梳理基层党建、综合保障、社会治理、城乡发展、公共服务、农业农村六大类事项，进一步明确县级部门和乡镇"应干什么事、该担什么责、该如何配合"，理顺乡镇"属地管理"与县级部门"谁主管、谁负责"的权责关系，防止县级部门以"属地管理"为由"甩锅"，做到权责一致、权能匹配，推动赋权和减负有效衔接。持续加强对基层简政赋权工作的宣传。营造良好的舆论氛围，让社会各界了解简政赋权的重要性和意义，形成良好的社会氛围。

二、提升乡镇行政执法能力，打通行政执法"最后一公里"

持续增强基层综合执法队伍建设，避免"瘦子挑大梁"。持续优化执法队伍结构，立足乡镇发展基础，结合综合执法工作需要，积极整合乡镇原有站、所执法力量和资源，组建乡镇行政执法机构，拓宽执法队伍干部晋升空间。不断加强

执法人才建设，加强执法人员培训，提升执法人员业务水平，规范管理执法队伍人员编制，坚持德才兼备、以德为先，开展执法人员招聘。用好乡镇基层志愿者作用，优化整合志愿服务资源和服务力量，按需开展文艺会演、健康体检、矛盾纠纷调解、法律援助、农业技术指导、环境整治等志愿服务活动，使志愿者服务触角延伸到乡镇"最后一公里"。完善乡镇行政执法监督体系，确保行政执法权下放"真落地、有实效"。健全组织保障，推动行政执法监督职能进一步向镇街"下沉"延伸，打通基层法治建设"最后一公里"。持续拓宽乡镇行政执法监督渠道。不断增强社会监督力量，有效参与到共治共建中，对基层行政执法活动进行规范化、法治化、公开化、透明化的监督。

三、完善乡镇行政执法监督体系，发挥服务群众"前哨"作用

重点强化镇域产业经济、公共服务、社会管理和城镇规划建设等各项职能，科学扩大乡镇政务服务、教育、医疗、社保、养老等方面的服务供给，推动镇域由基层治理"末梢"转变为基层服务的"前哨"。转变乡镇政府职能，建立政府引导、多元供给的公共服务供给模式。持续完善乡镇智慧治理体系。充分借鉴浙江、江苏等长三角发达地区基层治理经验，加快提升智能化管理水平，整合优化现有省市县（区）乡（镇）四级数字治理资源，打造集乡镇管理、权力监督和服务群众于一体的智慧化服务平台，打造基层治理"一张屏"，实现服务群众"一键通"。持续深化完善网格化管理，特别是对省内经济发展薄弱、位置偏远乡镇，要坚持尊重传统、便于管理、动态调整、不漏一人的原则，鼓励网格员发扬"铁脚板"精神，实现管理服务全方位覆盖，将发现问题的"神经末梢"植得更深。提升基层审批服务效能。进一步优化乡镇审批事项办理流程，建立和完善适应乡镇实际的办事指南和工作规程，实现政府服务标准化、规范化、便利化。不断提高群众办事审批便捷度，强化乡镇便民服务中心职能，实行"一站式服务""一门式办理"，实现"就近办、家门口办"。健全审管衔接机制，实现审批和监管信息实时共享，充分整合乡镇内部决策、管理、监督职责及力量，为审批服务等工作提供支持和保障，更好服务群众、服务企业。

第三节　强服务,实现"福祉增进、宜居宜业"

一、全面提升镇区生活品质,住得"安心"

推动医疗、养老等服务设施在空间上整合、功能上融合,推进乡镇养老机构和乡镇卫生院实现医养结合,做好乡镇卫生医疗基础配套,持续推进医疗卫生机构标准化建设,实施乡镇卫生院分类管理和特色专科建设,推动村卫生室按照中心村卫生室和标准化村卫生室分类管理。构建县级急救中心、乡镇院前急救站点、乡镇卫生院三级急救网络。完善乡镇文体配套设施建设,根据区域特点、乡土特色和居民需求,加快行政村健身设施维修、改造、升级、补建,督促做好健身设施日常维护、保养和管理。持续丰富群众精神文化生活,用好乡镇综合文化站和文化中心,充分挖掘整理安徽特色民俗文化,不断推出"有特色""接地气"文化活动。抓好西递、宏村、关麓、三河、大通等一批特色古村古镇保护,鼓励支持建设村镇史馆。建立一体化的城乡供水网络,实现城乡同标准、同质量、同服务,水源互为备用,水量相互调剂。加快推进"村网共建",提高乡镇供电服务效能,支持有能力的地区建设乡镇充电桩。加快完善乡镇对内道路网,构建"外联内畅"农村道路交通体系。探索"微管网+LNG终端设备"乡镇智慧供气模式,打通偏远农村天然气"最后一公里"。进一步推动5G网络向农村区域延伸覆盖。

二、完善镇域现代商业体系,买得"开心"

推进乡镇商贸中心、直营连锁超市等商贸网点建设,稳步扩大乡镇商贸中心、直营连锁超市乡镇覆盖率,健全乡镇商贸服务网络。发挥大型商贸流通企业带动支撑作用,通过组织创新、技术创新,优化业务流程,提高管理效能,提高企业供应链源头采购、统一配送、末端分销能力,鼓励和引导企业下沉农村市场,扩大农村消费。支持大型商贸流通企业完善配送设施,对旗下乡镇商贸中心、直营连锁超市自营商品实行统一采购、统一配送，形成城乡村无差别统一配送体系。推动乡镇商贸中心功能融合。支持龙头商贸流通企业提升乡镇商贸中心建设标准化和信息化水平，完善线上线下购物、餐饮、休闲娱乐等功能设施，融合社区电商、直播电商等业态，逐步增加网订店取（店送）、金融、维修、快递收发等服务功能，提高便民服务能力。加快乡镇集贸市场改造升级，改善市场交易环境，营造食品安全放心、消费环境放心、管理服务放心、诚信经营放心、价格计量放心的交易服务场所。

三、持续推动镇域风貌提升，看得"舒心"

坚持生态治理，全面促进绿色发展。深入践行"绿水青山就是金山银山"理念，坚持治理、保护、修复并重，坚决守住蓝天白云、绿水青山、良田沃土，构建"山水相融、田林交错、城园一体"的生态格局。扎实有序推进农村人居环境整治，积极争取上级加大资金整合力度，坚持把厕所革命、垃圾革命、风貌革命与生活污水治理、废旧农膜回收利用、畜禽养殖废弃物及秸秆资源化利用、村庄规划编制等工作有机衔接起来，统筹推动农村人居环境整治工作，不断改善提升村容村貌，有效改善农村人居环境。加快乡村建设，注重后期管护工作，确保农村人居环境整治工作有效推进。加强镇区面貌管理，着力整治无乱搭乱建、乱堆乱摆、乱停乱放、乱扔乱倒、乱贴乱挂、占道经营等现象，争取主次干道、大街小巷、镇村结合部、集贸市场、房前屋后、公园广场、车站、建筑工地、学校周边和公共厕所等重点区域的环境干净整洁，无卫生死角，无裸露垃圾。

第四节　夯基础，实现"集聚要素、镇兴促产"

一、加强基础设施建设，保障生产能力

加快推进农田水利"最后一米"建设，改造新建农田机井、塘坝，统筹推进农田高效节水灌溉，提高农业综合生产能力。加快推进"四好农村路"高质

量发展,持续推进乡镇对外道路交通基础设施升级改造,有序推进县乡公路升级改造、建制村通双车道公路、自然村(组)通硬化路和联网路,提升农村公路通达深度,完善综合立体交通网,进一步优化完善运输服务体系。落实县、乡、村三级路长制,监督协调辖区公路的日常养护、路域环境整治、路产路权保护等工作,健全"县有路政员、乡有专管员、村有护路员"的公路保护队伍,推动县区积极引进农村公路养护公益性岗位,使农民群众参与其中、共建共享。增强农业防灾减灾能力。加强基层动植物疫病虫害监测预警能力建设。抓好非洲猪瘟、小麦赤霉病等重大动植物疫病常态化防控。加快自然村应急广播主动发布终端建设。

二、畅通要素双向流通通道,提升发展能级

推动县城要素资源向乡镇延伸,推动县城资金、人才、技术等要素资源下沉乡镇,对企业在乡镇设立的生产、采购、销售网点等分支机构给予一定补贴。推动乡村客运市场转型升级,鼓励通过车型"大改小"、廉价网约车等方式满足群众从镇村到县城的出行需求。整合盘活镇域公共资产。对镇属国有和集体资产进行一次全面清查,通过股权投资、资产置换等方式整合镇域公共资产,剥离其中的经营性资产进行市场化运营。打破行政分割推动跨村联运。以土地、资产、资金为纽带,采取村公司入股镇公司模式,整合镇域内农村集体资产进行一体化开发运营,探索农村集体经济资产联合托管有效经营模式。推动国有企业下沉乡镇开展镇域建设、现代农业、资产运营等业务。引导国有企业支持镇域发展,吸引更多优秀经营管理人才参与镇域项目建设,挖掘、培育一批"乡镇CEO"。

第五节　育强镇,实现"辐射带动、全域提升"

一、加快培育一批经济强镇,发挥引领示范作用

积极对标江苏、浙江、广东等镇域经济强省,建立符合安徽发展实际的镇域经济雁阵式发展梯度培育体系,集中优势资源和力量统筹推进"强头、壮腰、固

尾"，加快打造"头雁领航、群雁齐飞"的雁阵式镇域经济发展新格局。优先推动有基础、有潜力的乡镇扩大经济体量、提升综合实力，成为全省乡镇高质量发展的排头兵。

二、加快提升"中心镇"建设，提升集聚辐射能力

推动拥有较好区位优势、较强经济实力、较好基础设施，具有县域副中心和区域服务中心职能的重点镇，以建设小城市和县域副中心为目标，做大经济总量、做强主导产业、扩大人口规模，提升基础设施和公共服务水平，推动其在乡村振兴中发挥重要作用。在重点城市发展区打造一批加工制造、商贸物流、科技教育等类型中心镇，将其培育成为城市卫星城镇；在皖北地区打造一批特色农业、农旅结合、商贸物流等类型中心镇，将其培育成为高产优质、特色鲜明的城乡融合发展示范小城镇；在皖南生态资源好的地区打造一批生态旅游、文化体验、健康养生等类型中心镇，将其培育成为宜居宜业宜游的新型绿色低碳小城镇，努力建成功能完备、各具特色的区域性中心镇发展格局。

三、做精做优一批专业特色镇，推动差异化发展

根据资源环境和区位特点，积极培育独具风格、各具特色的现代农业大镇、工业强镇、商贸重镇、旅游名镇等特色小镇。重点支持皖北区域依托农业种植与加工、畜牧业养殖等产业，做好"粮头食尾""农头工尾""畜头肉尾"大文章，加快培育一批以现代农业、畜牧业养殖和生产加工为主题的特色乡镇。支持皖南区域依托生态资源优势，做好生态保护与生态价值转化，加快培育一批以旅游康养、健康养老为主题的特色乡镇。支持皖中区域积极发挥省会城市资源优势，加快科技创新、数字经济类特色小镇建设，抢占技术制高点，培育引进一批专精特新企业，加快战略性新兴产业和未来产业发展，塑造经济发展新动能新优势。加快推动特色小镇产业集群化发展，成为带动区域经济高质量发展的重要力量。

第五章 样本赋能："探"寻强镇培育密码

安徽南北跨度长约 570 千米，在地理上跨越了多个自然和文化区域。各地乡镇因区位条件、资源禀赋、产业基础、自然条件千差万别，形成了不同的发展方式，各具发展特色。研究安徽强镇的发展模式，理清发展的机理，相当于为其他乡镇找准"风向标"和"参照系"，激发争先进位干劲，营造比学赶超氛围，促使广大乡镇以主人翁的心态、主战场的姿态、主力军的状态，将小单元汇聚成大能量，助推乡镇在新时代以更高站位、更强担当、更实举措激发最基层政府的强动能。

湾沚区湾沚镇：
水何澹澹绕空港，星汉灿烂赴征程

湾沚镇区域面积219平方千米，镇域下辖9个行政村、14个社区，户籍人口11.53万，区位优越，交通便捷，芜宣机场、商合杭高铁湾沚南站、芜宣高速均在境内，是皖南融入"长三角"的"前沿"和"跳板"。从"传统产业"到"现代产业""未来产业"，从"单打独斗"到"攥指成拳"，从"单一生产"到"多元发展"，湾沚镇科学把握新发展阶段，深入贯彻落实新发展理念，积极融入新发展格局，勇于探索，锐意进取，走出了一条具有湾沚特色的发展之路。

古融于今，山融于水，业融于城

湾沚镇沿江而生，顺水而为，自古以来商贾聚集，蓬勃涌动。一盏华灯初上，全城点亮，湾沚镇凭借一往无前的奋斗，扬帆起航。因江而兴，因空而域，顺流而东，舳舻千里，青弋江旁219平方千米的土地上住着20万湾沚镇人。他们奋力拼搏，久久为功，聚起全区政治、经济、文化、教育的中心。

多年来，"全国文明村镇"、"国家级充分就业社区"、"全国100个最美志愿服务社区"、全国首批村级"乡风文明建设"优秀典型案例、全国民主法治示范村等一批国字号荣誉彰时代华章，展现活力之城。多重战略机遇叠加，湾沚镇站在了新的起点。"安徽省乡村振兴示范镇""安徽省电商强镇"等荣光激励着湾沚镇重塑城市脉络，以更好的姿态服务崭新的未来。

咬定目标不放松

高效率推进项目建设。牢固树立"项目为王"理念。2023 年实施政府性投资项目 27 个，累计完成投资 4.12 亿元。争取市级以上项目资金 1.44 亿元，其中中央预算内资金 5726 万元。千方百计支持优质企业增资扩产。完成固定资产投资 11.01 亿元，新增亿元项目 6 个，其中 10 亿元项目 1 个。全力拓展城镇发展空间。镇村干部全力推进用地征拆工作，完成房屋征收 337 户，征地 2383 亩，保障协鑫、耀石、亚太、芜宣高速四改八等 11 个重点项目用地需求。

高水平开展双招双引。积极吸纳东部发达地区外溢资源。为进一步激发市场主体活力，湾沚镇深入贯彻长三角区域一体化发展要求，利用机场通航、高铁通车的契机，持续优化营商环境。新增河南汝阳劳务合作基地，与兰州理工大学、宁夏理工学院、桂林航天工业学院签订校政企合作协议，帮助重点企业解决用人需求。牢固树立"乙方思维"。围绕从解决"有没有"向解决"大不大""强不强"的转型目标，成立了大项目招商小分队，建立"一把手招商""以商招商"机制，招商引资逐步向挑商选资转变，打破了传统招商方式，实现了从广泛撒网向重点产业突破，全年招商签约项目 25 个，总投资 10.5 亿元。

高质量发展特色产业。优化农业产业发展布局。湾沚镇依托独特的资源优势，着力打造绿色农业、生态精品农业和观光休闲农业等特色农业品牌，促进农业向标准化、专业化、规模化方向发展。先后引进了芜湖红珊瑚果蔬种植有限公司、芜湖中樱嘉锦有限公司等 10 余家大型企业落户，规模化种植湾沚葡萄、湾沚山芋、蓝莓等特色农产品。打造特色产业新亮点。因地制宜引入发展前景良好的产业项目，让特色产业项目在湾沚镇生根发芽，带动和辐射区域经济新发展，增加农民收入。

一步一路皆风景

精雕细琢谋求乡村振兴。推动"景点旅游"向"全域旅游"转变。湾沚镇立足山水、人文、旅游等资源，将生态旅游作为重点，构建"一廊四区"区域发展新格局。围绕南湖智慧农业、龙尾张和美乡村、水梦南湖生态公园三大板块，全力打造水梦南湖综合体，现在的南湖已然成为湾沚区的后花园。打响湾沚镇文化旅游品牌。创新开展"春满沚津""文润沚津""跃动沚津"等一系列文旅主题活动，全方位提升游客服务体验。打造高水平精品示范村。高质量建成桃园相思园中心村，启动新丰老街和美乡村建设，桃园村入选省级首批和美乡村精品示范村建设名单，实现处处是绿地、家家有笑脸。

精耕细作推动城乡建设。科学开展村庄规划建设。以实用为导向，开展村庄规划编制 6 个、调整修编 2 个，完成村庄分类更新 162 个。不断完善农村基础设施。实施公益性项目 28 个，改造农村公路 44.1 千米，整治道路交通安全隐患点 30 余处。扎实推进农房改造建设。修订《湾沚镇农村宅基地和村民建房管理办法》，编制村民建房图集，批建村民建房申请 48 户，改造危房 59 户，鼓励农村群众建设具有"徽风皖韵"的现代化农房。

精益求精提升城市品质。改善居住条件是百姓的心声，更是最大的民生，惬意栖居是每个人的向往。湾沚镇积极推进老旧小区改造，消除"老""破""旧"，群众从"忧居"到"有居"再到"宜居"。围绕基础设施破损、停车难等问题，持续实施城市更新行动，争取上级资金 8400 余万元，改造老旧小区 10 个、安置小区 4 个，加装电梯 7 部，进一步提升了群众生活的舒适感和幸福感。

一枝一叶总关情

巩固社会事业"民生之基"。开展社区优化调整工作，社区调整至 14 个，切实提升基层服务治理效能。多措并举扎实推进暖民心行动，在老年助餐方面，新建老年助餐点 7 个，全镇 21 个老年助餐点全年服务人数达 9 万余人次；在安心托幼方面，新都社区、华庆社区建设普惠型托育服务中心；在就业促进方面，开展就业创业活动 30 余场，10 个社区获评安徽省"三公里"充分就业社区，永丰社区荣获 2023 年安徽省"三公里就业圈示范社区"称号；持续开展快乐健身、便民停车等各项行动，新建快乐健身点 18 处、阅读空间 2 处，全力打造"15 分钟品质文化生活圈"。

拓宽增收致富"民生之路"。全面推行"三变改革"，盘活利用闲置宅基地 1566 平方米、闲置住宅 5027 平方米，增加农民收入 251 万元。高效推进信用村建设，7 个村获评 AAA 级信用村，4 个村试点建设了信用超市，授信信用主体达 11354 户。以点带面持续推进党组织领办合作社，提升合作社运转效能、群众入社率，桃园村党组织领办合作社获评"芜湖市五星级党组织领办合作社"。村集体经济再上新台阶，全镇 9 个村集体经济经营性收入达 2779 万元，较上年增长 2 倍，100 万元村实现全覆盖，桃园村、新竹村突破 500 万元。

筑牢安全防线"民生之网"。坚持和发展新时代"枫桥经验"，在畅通群众诉求反映渠道上下功夫，全年开展"广场问政"活动 49 场、"周到为民"41 轮，收集问题 1253 个，"身心工程"走访群众超 7.2 万人次，推动干部作风更优、服务群众更实、干群关系更密切。严格落实领导干部接访下访和阅批群众来信制度，全年未出现进京访、赴省重复访。

上下同欲齐心干

党建引领筑牢"坚强堡垒"。牢牢把握"学思想、强党性、重实践、建新功"总要求，推动主题教育走深走实。省委主题教育简报刊登本镇"周到为民"服务载体先进做法。活用优质培训资源，举办各类基层党员培训班 13 期，桃园村入选全国基层干部培训课程典型案例，获评省级乡村干部实训基地、省级党员远程教育学用示范基地。

选育管用激活"人才引擎"。实施"青葵行动"，安排 32 名镇村干部到征收、信访一线等岗位上磨炼；选拔 27 名优秀年轻干部担任镇中层正副职；开启"赛马机制"，开展"汜争朝夕""青葵争春"等活动，营造你追我赶工作氛围。制定《湾汜镇村居副职管理办法》，免去村居副职 8 名，新提拔使用 9 名，进一步优化队伍结构。

乘势而上，打造"城乡融通示范片、徽风皖韵第一镇"

百舸争流，奋楫者先。湾汜镇将紧紧围绕湾汜区"一城两区"，对标沪苏浙，以与时俱进的思想理念、高昂饱满的精神风貌、务实高效的工作作风和清正廉洁的干部形象，奋力打造"城乡融通示范片、徽风皖韵第一镇"。

锁定招引新目标，打牢经济发展根基。强化项目撬动、双招双引，积蓄资金势能。建立镇级三年政府性投资库，超前谋划项目；围绕 211 产业体系和"一城两区"建设，编制招商手册，坚持"红黄绿"亮牌机制，加快特色农文旅产业和现代服务业项目招引。根据区特色产业人才需求，定位引才目标院校，拓宽重点高校人才基地建设，构筑人才集聚高地，确保人才、技术、产业的有效衔接。推进为企服务、科技赋能，壮大市场主体。实施营商环境优化提升"一号工程"，及时帮助企业解决实际问题，当好"店小二"，做好"服务员"。培育农村电商企业，帮助提升产品销量。完成 2024 年高新技术企业倍增计划任务，助力湾汜经济高质量发展。

培育发展新动能，推动产业融通升级。谋实"两强一增"现代农业。继续开展流失耕地找回和永久基本农田整改工作，推进再生稻、湾汜山芋种植，做实"湾汜山芋"品牌效应；实施湾汜灌区续建配套与节水改造项目、南湖二站更新改造项目建设；推进农业产业园区化，谋划建设预制菜及农特产品深加工产业园，争创樱花苗木数字农业示范基地、市级现代农业产业园。谋深"一廊四区"全域旅游。聚力四大集聚区基础设施提升，重点完善水梦南湖综合体配套设施，实施水文化展览馆、龙尾张高档民宿等项目，积极推进水梦南湖灯光秀、水幕电影商业化运营，打造百花马鞍山山地自行车赛道，深化"春满汜津""跃动汜津""文润沚津""四季春晚""南湖四季音乐节"等品牌文旅活动建设，开发具有地方特色的 IP 文创产品。

重塑城乡新关系，促进区域协调发展。建设宜居宜业和美乡村。计划升级路网 25.3 千米，全镇行政村主干道全面黑色化，新建标准化公交站台 10 座，持续完善水气管网配套设施；设计农村房屋建设通用图集，同步推进村民建房、危房改造和卫生改厕；推动桃园村、新丰老街、百花苏大村等"千万工程"和美乡村串点连线成片，打造农村"大花园"；全面铺开积分信用超市建设，积极探索和发展特色产业，争取集体经济发展更上一层楼。建设内外兼修人民城市。持续推进城区住宅小区基础设施提升工程、8 个老旧小区改造、3 个安置小区基础设施更新。进一步完善安置小区一梯一档管理、探索物业规范化管理新模式，"多点开花"打造品牌小区。推进城市社区嵌入式服务设施建设工程，为居民提供养老托幼、健身休闲等多位一体公共服务。

顺应群众新期待，改善民生提质提速。强力破解"热点民生"。提升暖民心工作服务标准，争创永丰社区"省级充分就业社区"。推动根治欠薪工作走深走实，探索建立物业企业三方共管账户。持续保障"底线民生"。务实防致贫帮扶，发挥网格化作用，推广重点人员"三色"医疗服务监测管理机制；实现 2024 年度城乡居民社保、医保应保尽保，争创市级医疗保障基层服务示范点，构建多层次社会保障体系。不断改善"政务民生"。发挥基层自治和社社共治作用，打造高质量"全国性老年友好社区"，建设城北新公园、老年生活文化休闲阵地、公益集市等，构建多元化、全方位红色服务矩阵。

遵循亲清新标准，提高政府效率效能。建设服务政府。进一步推动"身心工程""广场问政""周到为民"等为民活动走深走实；争创全国模范司法所，新丰村国家级民主法治示范村；继续开展"常态化开门接访"制度，推动信访工作程序法治化，抓好初信初访和积案化解。建设廉洁政府。健全督查考核奖惩机制，严肃管理"躺平式"干部。加强廉政风险防控和审计监督，持之以恒推进小微权力"监督一点通"平台建设，推动"监督+监管"大监督格局。

广德市新杭镇：
破旧立新，跑出发展"加速度"

　　新杭镇地处苏浙皖三省交界，是广德市经济重镇，镇域面积323平方千米，下辖18个村（社区），常住人口6万余人。通过实施"工业强镇、生态立镇、旅游兴镇"战略，实现生产、生态、生活"三生共融"，走出了保护与发展共赢的绿色之路，为乡镇经济高质量发展提供了新杭经验。

敢闯敢为，勇于挑战

　　说到新杭，一定离不开长广煤矿那段历史。1958年国务院将新杭煤田并入长兴煤矿，5万长广人自此扎根新杭镇50余年。特殊时代的背景，造就了长广"地面安徽管，地下浙江挖"的独特局面，让新杭因煤而兴、因煤而旺，"地下"经济势头强劲。依靠煤炭产业，很长一段时间，新杭的经济增长主要围绕"地下""山上"，矿山、建材等传统产业顺势发展，一部分人的口袋鼓了起来，在一定程度上为新杭经济的发展奠定了基础，但环境污染等问题也随之而来，并长期困扰着新杭。

　　2010年长广煤矿闭坑前后，新杭镇果断转动产业升级的魔方，走出"靠山吃山、挖煤卖煤"的老路，十年磨一剑，建设广德经济开发区东区"工业发展主平台"，并形成以亚太汽车、永茂泰等为代表的汽车零部件产业，以广信农化、捷胜生物等为代表的光气化工产业，以天吴智造、捷和精密等为代表的智能制造产业三大主导产业格局。目前，全镇集聚了百余家企业、近万名人才，新杭从"一煤独大"到"多业并举"。2024 年 1—5 月，新杭镇完成规工产值 105 亿元，固定资产投资 7.55 亿元，财政收入 49542.7 万元，新开工项目 22 个，总投资 48.86 亿元。

能闯善拼，走出新路

新杭表现"亮眼"的背后，既有企业自身发展与创新驱动，也得益于政府不断加大的投资、服务力度，持续优化的营商环境，形成了一整套特色鲜明、行之有效的"新杭打法"。

坚持搭建好平台，转型升级，提质增效，点燃区域经济主引擎。紧扣工业发展主线，合理布局规划。建好园区主平台。瞄准经济发展目标，快速拉框架、平土地。但在起步阶段，园区更多致力于企业数量的增加和经济总量的迅速扩大，落户了一批防水建材、原材料生产等传统产业，产品附加值较低。随着产业转型和技术改造升级要求，新杭明确提出"提速扩总量、转型增质效"的工作基调，迈出产业升级步伐，先后推动水泥、钙业等传统行业的改造升级，通过企业绩效综合评价机制，淘汰落后产能，清理低效用地企业，有效促进了资源的集约高效利用。一系列减法操作，为园区的高质量发展腾出了空间，也为新兴产业的引入创造了条件。目前，三大主导产业发展有声有色，永茂泰汽车零部件及广信农化 2 个百亿企业建设有序推进。用好企业"孵化器"。积极做好星火科技产业园建设，搭建从产业规划到创业孵化，再到研发成果转化及创业投资的全链条服务体系。坚持聚焦主导产业，重点围绕主导产业及未来产业进行布局，以孵化出与主导产业相关联的上下游企业为目标，2023 年星火科技产业园获评省级小微型企业创业创新示范基地，苏州鸿鑫胜、广结科技等 9 个项目陆续进驻。建好村级发展平台。推进"一村一品"及镇村抱团发展策略。依托各村（社区）独特自然资源，在辖区内 18 个村（社区）培育具有地域特色的农作物或养殖品种，并通过资源整合，实现镇村资源互补，激活乡村经济潜力。金鸡笼茶旅融合产业、阳湾村电商产业、砖桥社区休闲康养业、杨邶桥村生态种植业、彭村社区农旅会务一体化发展等逐渐占据市场，并迅速发展壮大。2023 年，新杭镇村级集体经济收入百万强村达 13 个。主动借力镇级广新市政发展有限公司，与村级股份合作社成立强村公司，广新物业管理有限公司、广德杭洁生态科技有限公司等相继成立并高效运转，村级入股并实现分红，有效助力乡村振兴。用好城市副中心平台。始终把做大做强做优实体经济作为主攻方向，统筹做好城乡基础设施布局，加快构建现代化基础设施体系、公共服务体系。全速推进镇域及园区范围内雨污水管网、绿化亮化工程等基础设施建设，扎实推进九年一贯制学校建设，全力做好宣城广德化工园区 D 级创建及城乡供水一体化项目建设工作，深入落实新杭中心医院与湖州市中心医院合作医疗机制，持续激活星起航教育基金作用，不断提升城镇化建设内涵品质，推进产城融合发展。

坚持培育好企业，精准施策，靶向用力，迸发区域发展大能量。围绕经济发展定位，新杭镇靠前谋划、铆足干劲，以政企携手持续释放企业能量。一是在政策扶持上。积极兑现各类财政奖补政策，对符合扶持条件的企业发放政策性奖补资金，2024 年 1—6 月，累计发放资金 17746 万元。二是在招商引资上。推进存量招商、以商招商、产业链精准招商，持续引进一批强链补链延链"大高好精"项目。一方面，注重围绕主导产业引进头部企业；另一方面，针对企业产业结构、分布特点、发展需求，深挖上下游企业，形成上下游完整产业链，构建闭环生态。同时，全力锻造素质过硬招商队伍，发动全民招商力量，构建镇级专业招商队伍，并创新开展乡贤招商模式，深挖潜在资源，提升招商效率。2024 年上半年，党政主要领导出行招商 13 次，接待企业 40 余次，签约企业 15 家，总投资 35.09 亿元。三是在企业储备上。全面摸排掌握镇域企业发展情况，建立高新技术企业培育库、规工企业培育库、专精特新企业培育库，建强"小巨人"企业方阵，强化企业创新主体地位，挖掘企业创新潜能，提升主导产业核心竞争力。特旺光电、牛元新材料等 10 家企业认定为省级专精特新企业。捷胜生物联合安农大成立"科技小院"，世平生态农业发展有限公司建设智慧看板，以科技现代化推动农业现代化发展。四是在产业升级上。深入践行新发展理念，突出智能化、绿色化转型。签约落地总投资 58 亿元的南方水泥绿色智能化产业园，广信农化获评国家级绿色工厂，高德铝业获评省级绿色工厂，新杭麻山等 3 家水泥用石灰岩矿入选省级绿色矿山。开工建设一体化压铸绿色智能制造产业园，广信农化三项场景入选工信部 2023 年度智能制造优秀场景，传统工业智能化改造、数字化转型迈出坚实步伐。五是在要素保障上。全面落实"亩均论英雄"改革，加大对闲置低效用地处置力度，分管领衔、部门领办，挂牌推进企业嫁接重组，提升土地效益；有效利用企业评级制度，推动资源要素市场化配置，提高发展效能；不定期组织召开银企洽谈会、银企联谊会，助力企业解决融资难题。2024 年上半年，全镇完成嫁接盘活 10 宗约 620 亩。

坚持营造好环境，提升服务，创新争优，释放区域发展新动能。坚持打造营商环境"升级版"，坚持深化改革，创出新杭速度。一是以企业为中心。深入实施领导挂帅、部门联动的高效服务机制，建立全程代办、企业信息员制度，推行镇领导及园区干部两级包保等政企沟通常态化机制，并通过定期召开政商恳谈会、研学座谈会、产需对接会，直面问题，精准施策。积极转变过去"等着企业过来办"的落后观念，主动对接，让企业在新杭安心投资、发展壮大。2024 年上半年，通过线上平台及线下恳谈会共收集企业问题 60 余个，均已全部解决。二是以项目为落点。紧抓项目建设这条"生命线"，聚焦项目落地全过程，成立签约动工、企业服务、项目入库等工作专班，通过定期调度、专人服务，让项目建设更加顺畅。在市经开区东区成立重点项目"代办帮办"专班，安排专人对企业实行一对一服务，带着企业跑手续，对企业项目建设过程中存在的问题及时协调解决，有效推进项目"零障碍"落地。三是以人才为支撑。针对企业"招工难""留人难"，新杭镇率先开展"三公里"充分就业省级试点工作，定期摸排企业招工需求，举办线上线下招聘会，并高规格打造人才驿站，配套建设人才公寓，举办人才沙龙、人才交流会等，全面提供一站式就业创业服务，为企业引进人才、培养人才，实现企业与求职者的"双向奔赴"。

乘势而上，扬帆启航

展望未来，新杭镇将锚定全市"追赶江浙，争先江淮"目标，围绕广德市"1+2+2"产业体系，坚持传统产业与新兴产业协同发力，打造硬核产业集群，抓好项目积蓄后劲，持续推进产业"智"能转型，并以重大项目为抓手，全面提升产业能级，放大领先优势，巩固比较优势，力争领先宣城、领跑安徽。

聚焦工业现代化发展。持续在做大做强优势产业、集聚发展新兴产业、提质发展传统产业上下功夫。用好精细化工园区平台，巩固广信股份全产业链光气农化龙头地位，加快培育捷胜生物、方大千坤等下游企业，实现园区产值新突破。发挥永茂泰铝合金产能和铝液直供成本优势，力争铝合金材料在本地100%产品化，鼓励华域皮尔博格、佳和朔等扩大投资，招引一体化压铸先进工艺企业落户，培育超200亿元的汽车轻量化材料及零部件产业集群。全力推动钢铁、水泥、钙业等产业智能化改造，引进浙江钙科，以传统企业的辞旧迎新，支撑工业强镇的持续焕新。

聚焦特色农业提质。坚持以做大龙头、做强品牌、做富口袋为目标。守住粮食安全底线，积极推进"小田变大田、小山变大山"，发展适度规模经营和精深加工，实现粮、油、果等农产品从原材料到市场端的一站式转化。规模打造标准化、宜机化茶叶种植基地，高标准建设黄金芽加工中心，"金鸡天下白"等茶叶品牌，提升茶叶附加值。坚持"村村能入股、村村能受益"，组建村级联合公司，提供物业管理、环境保洁等服务，确保到2025年实现村级集体经济百万收入和收入分红两个全覆盖。

聚焦绿色低碳转型。坚持践行双碳目标，深耕生态文明建设。深挖矿山"绿色"潜力，进一步提升已治理矿山生态环境；加大"散乱污"摸排力度，多措并举探索秸秆回收创新模式，有效化解秸秆处理难题。有效提升"两长制"运行实效，推进流洞河、砖桥河等水环境综合治理。立足文旅康养定位，因地制宜逐步开发长广，使"老片区"改旧貌、焕新颜。同时，持续关注产业绿色化升级，推进产业绿色化发展。

肥西县桃花镇：
工业发展主战场，经济实力百强镇

桃花镇位于合肥市高新技术开发区和合肥市经济技术开发区 2 个国家级开发区之间，毗邻合肥市政务新区和合肥大学城。镇域面积 41.5 平方千米，人口约 19 万人，辖 9 个社区。"十四五"以来，桃花镇把握大势、应对挑战、抓住机遇，全力以赴强积淀、聚民心、增福祉、谱新篇，经济实力稳步提升，产业规模更加壮大，城乡面貌焕然一新，民生福祉更加殷实。

奏响激昂奋进的发展乐章

打造高质量发展新引擎。着力打造产业平台。桃花科创产业园的产业基地作用逐步显现，中科华控、中科华纳、银牛微电子等产业链龙头企业和关键企业相继落户，逐步打造并力争成为承接片区产业转型升级的桥头堡。组织专家群体深入孵化器开展指导帮建，大力支持高新技术企业发展，全镇现有国家级高新技术企业 170 家、国家级孵化器 1 家、省级科技孵化器 4 家、市级科技孵化器 2 家，占全县孵化器的 50%。全力培育产业集群。以中建六局第八建设有限公司为承载龙头，建筑业产业集群进一步扩大，2023 年完成建筑业产值 337.75 亿元，同比增长 86.1%，在全县占比超过 60%，继续保持领先地位。谋划并支持推进数字产业发展，以易商数码大数据产业园为基础，争创数字产业基地样板。腾挪空间释放资源。坚持"集中连片"，强化统筹调度，实现"面上推进"和"点上突破"并进。2023年累计签约收回项目16个共555.24亩，完成全年任务的110%，连续2年超额完成目标任务，为后续产业项目落地提供扎实保障。新锦丰、达益服饰等地块310亩土地已顺利出让，目前作为商业住宅地块正在建设。

打造宜居宜业新环境。加快实施城市更新。全力保障重点项目、重大基础设施建设用地，江淮运河两岸高标准农田项目3587亩土地清表交地任务圆满结束，南二环西延工程拆迁项目"三榜公示"及户档资料"两级"审核工作顺利完成，为等高对接主城提供更强劲的交通要素支持。有序推进项目建设，樱花路、明珠路绿化提升工程与王步文路提升改造工程顺利完工，铭传路—菖蒲路、樱花路—杭埠路等项目初步设计工作已完成，城市更新按下"快捷键"。大幅改善基础设施。精准对接群众需求，统筹各方力量，加快推进菖蒲路、翠竹路等"口袋公园"民生实事工程建设，对堰湖山庄等小区公共娱乐设施实行升级改造，提升社区建设质量和服务水平。延乔路红色法治文化教育基地顺利完成，阵地建设不断完善。聚焦人民所想所盼，提前完成顺和家园等小区提升改造工程，扎实推进染坊社区高空抛物监控等民生项目。在樱花路、翠竹路等路段增设360个临时车位，在重点路段新建66套违停自动抓拍设备，规范车辆有序停车。坚持分类推进，东冠繁华逸城、堰湖山庄、柏堰商业街消防管道维修已完成，实现消防通水，旭日长安、前城上品等小区正在周密筹备，确保居民住宅小区消防用水满足要求。持续推进文明创建。多措并举推进文明创建工作常态长效，实施染坊南苑等多个小区强弱电线路改造提升工程，提升居民生活环境品质。建成锦航社区、侯岗小区新时代文明实践所并投入使用，完成翡翠三期、顺和农贸市场整体改造提升工作，切实增强获得感、幸福感、安全感。

守护碧水蓝天新画卷。环境治理常抓不懈。持续发挥"环保管家"常态监管作用，中央和省级环保督察交办问题全面完成销号，整体生态环境持续好转。坚持自我加压，盯紧派河流域水污染问题整改各个节点，快速高效排查7个排口，275个问题按时按质完成节点销号，同步完成自查反馈的186个问题整改。

污染防治持之以恒。加强对重点行业的日常监管，对重点企业累计开展 6 轮排查，企业排查全覆盖实现 4 轮次。2023 年省环保督察期间，信访件较上一轮省环保督察期间降低 86%，4 个牵头信访均已完成整改。常态化开展秸秆禁烧、扬尘治理工作，继续实现秸秆禁烧"零火点"，确保各类大气污染物达标排放。环境优化多措并举。聚焦群众重点关注的问题，扎实开展环境污染整治专项检查行动，全力保障镇域环境质量。先后完成染坊二期、标准化厂房、桃花中学等 10 个项目雨污管网综合整治，持续推进繁华大道以南雨水管网工程。完成绕城高速（集贤路—翡翠路段）隔音设备安装，切实解决禹洲华侨城等小区噪声扰民问题。

筑牢民生福祉新篇章。民生保障水平提升。持续发挥政策兜底作用，常态化落实救助慰问政策，全年发放各类低保、救助等资金超过 500 万元。完成锦航、长安等 4 个社区居家养老服务站建设，老年助餐工作进一步完善落实。残疾人工作站建设实现全覆盖。精准落实稳岗就业政策，社区三公里就业圈累计在招岗位 7800 余个，成功就业 900 余人。"雨露计划"职业教育补助持续落实，37 个公益性岗位助力增收致富，脱贫户年收入较上一年度增幅超过 10%。社会事业加快发展。镇红雨斋阅读空间上榜全省"十佳阅读推广空间"，繁华新园、锦航阅读空间投入运营，15 分钟阅读圈得到进一步完善。桃花中学普高达线率创造 5 年来最好成绩，顺和小学荣获省科技体育活动基地，延乔路小学被评为省优秀少先队大队、市优秀少先队集体，延乔路幼儿园顺利开园，繁华新园幼儿园收回并办成公办园，教育水平不断提高，教育资源持续丰富。桃花卫生院新院区即将开诊运营。

打造和谐稳定新面貌。持续改善基层治理。健全网格化管理机制，新增城市社区专职网格员 41 名，人口库、房屋库数据更新率达 100%，"数字桃花"的基础进一步夯实。"智慧肥西"平台 3.9 万起事件办结率为 99.9%，2023 年获得金牌网格员 84 人次，按网格员数量占比，排名全县主城区第一。持续做好退役军人服务保障，桃花镇退役军人服务站、柏堰社区退役军人服务站分别创成"五星级""四星级"服务站。深入推行"1+4+10+N"基层应急能力建设，应急管理部专题来镇调研，加强重点行业安全生产检查，实现全镇无重特大安全事故发生。繁华新园社区成功创建全县唯一的省级安全用药科普宣传站。风险防控不断强化。注重前瞻预防、前端化解，持续加大化解力度，一批信访积案得到妥善处理。开展物业领域矛盾专项化解行动，探索建立红色物业"431"治理模式，镇领导班子成员带头接访33次，受理诉求769条，反馈率为100%。清退文一名门御府等小区物业公司3家，对住宅小区物业服务单位实施"月考评"制度，着力提高物业管理服务水平。全年累计调解各类矛盾纠纷案件2212件，涉案金额4650.7万元，调解成功率为99.8%，推动各类民间矛盾息纷止争。

接续推动强镇富民的全域升级

推进产业发展提质增效。壮大市场主体。坚持以"筑巢引凤"为主要思路，吸引更多项目布局落户，全力保障易商数码二期项目建设，推动艾昆纬等项目正式运营，确保上海麟图、数字政通等（区域）总部项目顺利投产，努力形成更多实物工作量。积极打造产业孵化基地，支持中小微科技企业前期发展，进一步强化产业孵化器"领头羊"地位，力争再创1～2家省级科技企业孵化器，全年孵化高企超过10家。提升产业能级。坚持"科创"特色，加大优质产业资源注入，最大限度提高土地利用率和产出率，主动对接天使轮、创智汇等科创项目，积极引入研发类、总部类、科创型企业落户，打造企业集聚区，形成总部经济核心力、向心力，凝聚桃花产业吸引力。拓展建设高端经济楼宇，在全县范围内率先试点"楼宇经济"，探索转型升级新路径。坚持加快建设规模建筑业集聚区，保障安徽九筑顺利扩建，争创新三板上市，力争建筑业产值再跨百亿目标。全面摸清经济家底，高质量完成第五次全国经济普查，确保数据真实准确可靠。优化营商环境。持续开展营商环境提升行动，支持保障各类助企惠企政策落到实处，做到"有求必应、有问必答、无事不扰"。坚定不移强化要素保障，聚焦土地、资金等领域精准发力，以最快速度为优质项目匹配最优资源。坚持"一企一策"，全身心谋划推进园区升级工作，确保年度目标任务顺利完成。

推进城市品质持续改善。功能更加完善完备。以大桃花片区城市更新为契机，持续完善城市道路，全力做好南二环西延、王步文路、天龙关路等项目施工环境保障，按期完成书箱路绿化提升、繁华大道互通立交排水设施工程，改善居民出行环境，提升城镇交通品质。充分挖掘利用零散空间，精心设计主题风格，谋划推进文一名门绿洲口袋公园、锦航社区法治公园等项目，不断提升市民居住环境。聚焦难点痛点问题，不断优化设施布局，突出公共停车设施建设重点，在九溪江南等人口稠密区域增设更多停车位，有效缓解"停车难"问题。管理更加精深精细。推进长安社区、集贤社区、幸福坝社区新时代文明实践站建设，在延乔路探索建设新时代文明实践点。强化"延乔路·励志行"红色宣讲团运用，推动志愿服务更加出彩，争创合肥市"四个10"优秀典型志愿服务称号。与文明创建相结合，切实做好综合环境治理提升，争创国家级卫生镇。坚决落实市委决策部署，全力支持并做好园区托管移交及补充协议签订。形象更加出新出彩。坚持河长制管理常态长效，做好河流吹哨及问题交办整改工作，筑牢生态安全屏障。持续抓好污染防治，开展"散乱污"等专项排查，落实涉水涉气企业季度排查，完善问题发现、处置、整改、销号闭环管理机制，确保问题整改到位不反弹。加大大气扬尘、秸秆禁烧、餐饮油烟等治理力度，深化推进派河流域水环境综合治理，确保主要河流水质稳定达标。

推进民生福祉不断提升。公共服务舒心。进一步丰富基础设施配套，推动桃花卫生院新址上半年开诊运营，为百姓健康保驾护航。开展优质学校创建，持续优化教育资源，做好翠竹路幼儿园、汤口路中小学建设的前期准备工作，谋划实施延乔路小学、桃花中学改扩建项目，缓解片区学位压力。社会保障暖心。持续加大民生投入，深入推进暖民心行动，全力办好民生实事。坚持就业是最大的民生，实施多渠道灵活就业，强化重点人群就业帮扶。严厉打击拖欠农民工工资行为，切实保障劳动者合法权益。持续提高社会救助精准化水平，完善养老服务保障体系，兜牢困难群众基本生活底线。文化生活贴心。全力支持文艺精品创作，广泛开展"四季村晚""文明伴我行 月末大舞台"等系列文化惠民活动，加快推进城市阅读空间运营招标，实现镇文化站、源礼书院运营升级，争创全省十佳书香乡镇。

推进社会治理创新高效。深层次推进"智慧治理"。强化数字赋能，不断健全网格化管理和"吹哨"机制，年内实现二级机构进网格进社区全覆盖，进一步完善细化网格员考核机制，提升城市管理智慧化、精细化水平，全力提升群众满意度。持续开展物业提升行动，推动物管小区智慧物业平台的房屋绑定率达到90％，人口库、房屋库全年更新率达到100％，完善智慧肥西数据底册。高水平建设"平安桃花"。深化平安桃花建设，新增20路"夜市哨兵"监控报警系统，完善铁路沿线治安防控措施，推进智慧平安建设进一步延伸。坚持领导干部公开接访、带案下访，落实逐级走访机制，全力攻坚信访积案和突出问题化解。坚持"矛盾不上交"的鲜明导向，常态化组织开展矛盾纠纷排查化解，努力实现小事不出居、大事不出镇，闭环式化解矛盾纠纷。全方位守牢"安全底线"。健全完善重大风险防范化解机制，聚焦交通、食品、消防等重点领域，持续推进企业安全生产网格化管理，加强食品药品全链条监管，落实企业主体督导包保责任，强化隐患排查、源头预防，继续保持全年不发生较大以上生产安全事故。

界首市田营镇：
"变废为宝"掘金循环经济

田营镇位于界首市城区东南8千米处，下辖5个行政村，44个自然村，常住人口3.6万人，区域面积29平方千米。结合现有发展基础，抢抓锂电池回收及综合利用产业风口，田营镇已形成成熟的铅酸电池综合回收利用产业链和新兴的锂电新能源综合回收利用产业链，是目前全国规模较大、产业链条较完整的循环经济强镇。

镇域发展："一办九局"破基层治理难题

2021年田营镇作为阜阳市率先启动经济发达镇行政管理体制改革试点乡镇，围绕破解制约镇域经济发展的体制机制障碍，组建"一办九局"，被赋予县级经济社会管理权限78项。田营镇围绕"党带群建，十户联治"工作机制，探索"党建+"模式引领基层治理，创新党组织领导下的基层民主协商形式，把党的政治优势和组织优势转化为治理优势，构建党建引领，自治、法治、德治相结合的治理格局，着力推进基层治理体系建设，全面提升基层治理水平，破解了基层治理困局。2022年田营镇经安徽省深入推进经济发达镇行政管理体制改革工作小组办公室考核，获得优秀等次。行政管理体制改革与镇域经济转型升级相结合，大力推进了招商引资，骆驼电池、雅迪电动车等知名品牌落户田营，带动了村集体增收，群众致富。2023 年，全镇村集体经济总收入 365 万元。同时，市级投资用于田营经济发达镇道路改造提升、污水管道并网、水系治理等基础设施建设项目共 15 项，累计资金达 28.56 亿元。2022 年 5 月田营镇新型城镇化片区（西区）1800 亩成片开发方案获安徽省政府批复，田营镇"多规合一"的城镇规划建设局面已初步形成。片区开发将进一步完善规划体系，抓好基础设施、公共服务类项目建设，比如道路港口、生态水系、政务服务、拆迁安置、烈士陵园、学校医院、社区服务中心等，既可以为 4 万至 4.5 万居民提供良好的生产、生活和服务环境，也可以为园区产业提供足够的人才支撑，补齐发展短板，为千亿园区产业发展留足空间，进一步擦亮经济发达镇品牌。

园区发展：深挖"城市矿产"　走绿色转型发展之路

工业强大的背后，是田营科技园区的有力支撑。田营科技园区已成为绿色能源基地，是全国"城市矿产"示范基地，目前已建成企业 35 余家，入驻国内知名天能、南都、骆驼、雅迪等上市公司 4 家，全国民营制造业 500 强企业 3 家，安徽省制造业百强企业 4 家。目前，已获批国家级绿色园区，拥有国家级绿色工厂 3 家、国家级绿色产品 4 个、绿色供应链 2 家，实现绿色制造体系项目全覆盖。园区现有 2 座污水处理厂和万亩防护林带，严格加强日常监测管理，构建了水、气、渣"三废"严密的控制处理规范和产业发展生态体系。建有院士工作站 1 家、博士后工作站 2 家。拥有国家知识产权优势企业 1 家、示范企业 1 家，国家科技创新示范企业 1 家。国家企业技术中心 1 家、国家级工业企业知识产权运用试点企业 1 家，获批国家高新技术企业 18 家，参与制定国家标准 6 个、行业标准 3 个，获安徽省科技进步一等奖、二等奖各 1 项，田营镇循环经济发展模式成为全国 60 个循环经济典型模式之一，在 2024 年 3 月 24 日《人民日报》第四版头条被作为典型案例宣传报道。与中国工程院、中国科学院、电池工业协会、清华大学、北京大学、中科大等建立了长期产学研合作，形成了集研发、培训、产业化于一体的良好创新创业环境。

工业实力：废旧电池"浴火重生" 再创价值

　　田营镇积极布局锂电池回收及综合利用产业新赛道，确定了"提升铅、发展锂"的思路，谋划了"锂电池综合回收利用百亿产业园"，着力推动铅、锂"双电双循环"。铅酸电池综合回收利用产业链和锂电新能源综合回收利用产业链聚集循环利用企业 100 多家，规上企业超过 70 家，高新技术企业 13 家，上市企业 4 家，形成了铅锂电循环利用全产业链发展格局。产业链回收网络遍布全国，在全国 50 多个大中城市设有办事处，链接了全国 10 万个基层网点，并形成辐射周边 800 千米的"近距离、低成本"一级回收圈。年可回收加工废旧蓄电池 160 万吨以上、年可加工再生铅 101 万吨、蓄电池 4167.2 万千伏安时（1 亿只以上），年回收废旧电池和蓄电池生产分别约占全国的 1/3 和 1/5，建成了"回收+处置+产品"的产业发展模式，形成了"进来一只旧电池、出去一只新电池"铅、锂并举的双循环产业链。2023 年完成工业产值 275.73 亿元，同比增长 19.4%；实现入库税收 17.54 亿元，同比增长 5.6%；完成固定资产投资入库 10.04 亿元，同比增长 22.7%。

成绩荣誉：亮点纷呈 扮靓田营

　　田营镇刻花彩陶，具有鲜明的民间特色，2006 年 6 月"界首彩陶烧制技艺"成功入选首批国家级非物质文化遗产保护名录，彩陶烧制技艺原产地田营镇于2007 年被安徽省文化厅授予"安徽省民间艺术彩陶之乡"称号。2016 年被授予省级"森林乡镇"和"生态乡镇"称号，2017 年被授予安徽省地名文化遗产"千年古镇"，2018 年被授予安徽省首批"智慧集群试点镇"、2018—2020 年度安徽民间文化艺术之乡，2022 年田营镇陶乡泥韵民宿被安徽省文旅厅授予"安徽省丙级旅游民宿"（阜阳市唯一一家），且连续多年被阜阳市评为"零上访乡镇"。

除此之外，田营科技园先后获得"国家循环经济试点园区""国家城市矿产示范基地""全国循环经济先进单位""国家涉重金属类危险废物集中处置利用基地""全国有色金属绿色循环利用示范基地""循环发展试点园区""国家级绿色园区""国家动力电池循环利用高新技术产业化基地""国家级知识产权保护规范化市场"等国家级荣誉。

未来田营：精准施策　继续奏响"奋进曲"

聚焦关键领域谋划项目。聚焦产业发展。围绕"提升铅、发展锂、储备钠、谋划氢"发展规划，指导谋划落地一批锂离子电池、钠离子电池、固态电池、燃料电池等新能源电池项目，开辟新领域新赛道。推动铅电循环高端化、绿色化，锂电循环智能化、低碳化，力争"十四五"期间培育出一个更大能级、量级的以锂电为主的新能源循环利用产业。聚焦城镇化建设。围绕省级经济发达镇改革，擦亮全省百强之首的名片，谋划一批基础设施和公共服务类项目，包括道路港口、生态水系、能源电力、政务服务、拆迁安置等，拉开园区发展框架，改善园区基础条件，提升园区承接产业转移能力。

抓大求远构建发展生态。抓科技成果转化。主动对接离岸科创中心，引进国内知名产业基金和高层次人才团队，建好工程技术中心和重点实验室，抓好技术成果转化生态体系建设，推动产业链、创新链、资金链、人才链完整配套，培育一批新能源领域"专精特新""独角兽""瞪羚"企业。抓产业链集聚。立足于千亿级新能源生态园区，按照"龙头引领、产业集聚、配套健全、业态完善"路径模式，打通上下游循环链条，建立更具韧性和竞争力的产业链体系，逐步实现由铅酸电池向新能源电池转型升级。抓高端平台建设。立足于新能源和"双碳"战略，积极谋划省级重大新兴产业基地和战略性新兴产业基地，通过创新驱动和人才引领，培育自己的生态主导型的链主企业，健全新能源生态体系，努力进入合肥"新能源汽车之都"的供应链，当好高质量发展的领头雁。

全力推动招商引资。积极开展招商引资。积极开展招商引资，依靠资源、政策、环境优势吸引下游企业入驻，延伸链条，提高产品附加值，推动产业循环，带动园区管理、技术、产品的升级，增强产业抗风险能力。推动委托招商。依托商会开展委托招商，引进新能源汽车产业链延链补链项目，进一步优化调整新能源汽车产业结构。做大基金招商。积极与阜阳市对接新能源汽车产业主题基金，协同配合其他部门在子基金设立、"双招双引"等方面开展深度合作，持续扩大现有基金规模，做好新能源汽车产业项目"筑巢引凤"工作。

舒城县杭埠镇：
小河埠到大产城的崛起之路

舒城县杭埠镇位于六安市最东部，是全国改革发展试点镇、全国电子信息产业基地、全省扩权强镇试点镇、省智慧电子特色小镇、省产业集群专业镇。全镇辖 27 个村（社区），1 个城市社区，区域面积 80 平方千米，建成区面积 15.3 平方千米，常住人口 11 万人。2023 年，全镇实现工业总产值 310 亿元，同比增长 10.8%；财政收入 4.75 亿元。

发展有优势，厚植根基蓄势能

杭埠历史久远，明代成集，清初建镇，史建乡里，历设区会，因自古以来是通商重埠、物流集散地而得名，距今已有 600 多年历史。全镇经济社会发展基础雄厚，区位交通、历史人文、发展配套、自然资源等比较优势十分突出。

这里区位优越，交通便捷。杭埠位于皖中腹地，长三角经济圈，北连合肥，东临南京、芜湖，南接铜陵、安庆、九江，西就六安、武汉，位于上海、南京、合肥、九江、武汉等城市经济辐射区内，是东南沿海与中原腹地过渡带的咽喉、我国东西南北交流的纽带。5 分钟可达 G3 京台高速口，10 分钟可达舒城东站（高铁站），30 分钟可达安徽省委省政府（滨湖新区）、合肥经济开发区、合肥南站，50 分钟可达新桥国际机场。合九铁路、京台高速穿境而过；境内拥有年吞吞吐量 10 万吨的水运码头 2 座，是六安市唯一经水路直通长江的乡镇。

这里商贾云集，经济繁荣。围绕"工业强镇"主战略，杭埠镇全面主动对接合肥、融入长三角一体化发展，承接合肥产业转移和都市圈外溢，成为"打造六安链接合肥东向枢纽"的桥头堡。镇域内现有企业 360 余家，其中规模以上工业企业 109 家，高新技术企业 55 家，国家小巨人企业 2 家，省级专精特新冠军企业 2 家，省级专精特新企业 18 家，战略性新型企业 46 家。逐步形成以电子信息（光电显示）、高端装备制造（新能源）两大产业为主导，产投产业园、南聚工业园、华夏园区、绿沃产业园、中鑫模具产业园、联科产业园、金基产业园、工投中小企业园等 8 大园区为载体的现代化工业体系，呈现出龙头企业顶天立地、配套企业铺天盖地的良好产业布局。镇内舒城县精密电子基础件产业集群成功入选国家级中小企业特色产业集群。

这里配套完善，生活便利。杭埠自来水厂、污水处理厂、文化陵园、城西农贸市场、保税仓库、露天停车场等一大批公共设施已落地投入使用，一杭、古井等大型酒店接连入驻，基础设施建设逐步完善。唐王新村、近郊村、幸福新村等多个集中安置点相继建成，恒大、华夏等商品房稳步交付，现代化产业新城初具规模。镇域 3 所中小学与县域中心学校实行合作化办学，新滨湖寿春中学建成并投入使用，舒城县人民医院杭埠分院加快建设，群众就医就学条件逐步改善，城市功能不断齐全。2024 年 4 月，安徽省人民政府批复《六安市国土空间规划（2021—2035 年)》，正式将杭埠镇列为 II 型小城市（20 万及以下人口的一般城市）。

这里环境优美，资源丰富。拥有 5 个省级美丽乡村中心村、18 个美丽宜居自然村庄；30 家家庭农场，其中 16 家市级和县级示范家庭农场；1 家农民专业合作社，5 家市级示范合作社，乡村旅游资源丰富。以童话大街、汪氏祠堂、后河村文化广场、丰乐河大坝、五星村休闲垂钓农场等为载体的新兴业态加速崛起。以绿沃新能源、开普瑞环保、卓一智能、杭埠污水处理厂等平台为抓手，集生产工艺、科技研发、旅游观光、产品展览等要素于一体的中小学生研学基地、工业旅游服务基地正在加速打造。

进位有打法，借势而上绘宏图

高质高效，加力发展实体经济。紧扣高质量发展要求，牢牢把握长三角一体化发展、合六同城化、上海对口帮扶等战略机遇，围绕电子信息（光电显示）、高端装备制造（新能源）两大主导产业开展延链、补链、强链，推动战略性新兴产业集群发展壮大。坚持"大抓项目、抓大项目"。按照新建项目抓进度、续建项目抓投产、拟建项目抓基础的要求，强化跟踪服务，狠抓要素保障，及时破解难题，保证签约项目早建成、早投产、早见效。持续提升政务服务质量。以经济发达镇行政管理体制改革契机，精简行政审批事项，提高办事效率。坚持"靠前服务"。对企业所有的服务实行全程代理制，从招商、签约、建设到投产实行"一站式"服务，逐步实现"杭埠事情杭埠办""杭埠的事情不出杭埠就能办"的目标，全力打造高效、便捷的营商环境。

扎实有力，全面推动乡村振兴。在发展经济的同时，坚持将粮食安全放在首位，抓在手上、落实在行动上。筑牢粮食安全底线。建成高标准农田 3000 亩，积极推进小麦生产全程机械化、水稻机械化插秧，完善农机购置与应用补贴政策，2023 年全年完成粮食种植 7.47 万亩，完成机插秧 2.4 万亩。坚持培育壮大农业经营主体。成立 30 家专业合作社、105 家家庭农场，培育 50 亩以上种植大户 237 户、新型职业农民 107 人、乡镇级致富带头人 7 人、村级致富带头人 131 人。推动"强村带弱村"发展模式。多村联合成立"杭杭联赢、杭杭合赢、杭杭共赢、杭杭同赢"4 家物业管理有限公司，通过盘活空置厂房、发展第三产业等方式，全面实现村级集体经济育强消薄，充分激发村级集体经济内生动力。2023 年底，全镇各村（社区）集体经济经营性收入全部达 30 万元以上。

精深精细，聚焦完善服务保障。瞄准宜居宜业，推动城乡建设提质增效。聚焦小城市建设。坚持"东城西产"的整体发展思路，将产业园区作为杭埠承接产业发展的重要载体，全力打造六安市工业发展新支点。聚焦产城全面融合。加快完善东部新城区、北部服务区及老镇区的医疗、教育、住房、商业等保障体系，开放地摊经济。聚焦公共就业服务。通过举办现场招聘会、利用"鸿雁回归""六安创业就业平台""社区三公里就业圈"等就业创业系统、开展院校合作等方式，支持高校毕业生到杭埠企业实习就业。聚焦"平安杭埠"建设。常态化开展扫黑除恶斗争，反电信诈骗、"黄赌毒"专项治理和"双提升"等工作，全镇安全生产、生态环境保护形势平稳。

进取有方略，奋楫笃行展壮志

优化发展布局，跑出产城融合"加速度"。紧扣合六同城化和长三角一体化发展战略，加快杭埠镇国土空间规划编制，毫不动摇推进将杭埠镇作为合六同城化先行区、六安市融入省会都市圈和承接长三角产业转移的桥头堡、舒城县域副中心建设。坚持以产兴城、以城促产的发展理念，推行"产城兼融、产城共荣"的用地布局，优化"一主两副，一园三产"的空间格局，围绕电子信息（光电显示）、高端装备制造、新能源三大主导产业做大做强，加快实现产业兴旺、配套完善、生态宜居的现代化工业小城市的发展目标。

整合优势资源，激活乡村振兴"源动力"。按照"产业兴旺、生态宜居、乡风文明、治理有效、生活富裕"总要求，聚焦"守底线、抓发展、促振兴"基本思路，持续实施"四大行动"，全面推进乡村振兴，助力农业农村高质量发展。坚持粮食安全底线思维，切实种满种足种优，稳定粮食播种面积。继续培育壮大农民合作社、家庭农场等新型农业经营主体，持续推进"一村一品"特色农业项目建设。全力推进预制菜产业发展，加快发展农副产品深加工产业、农村电商，加速消费帮扶，实现产品走出去和农业产业的"接二连三"。深入打造一批生态宜居、乡风文明的样板典型，加快培育生态旅游、工业旅游、休闲露营等新兴业态。

以民为本，打好服务保障"组合拳"。继续实施十项"暖民心"行动。加快建设完善发展基础，加快自来水厂二期续建、教育综合体、农贸市场、大型商业综合体等项目推进力度。为本土和来杭就业、务工人员提供保障性租赁住房，多层次的医疗救助体系和完善的市政配套设施，确保本地人口家相邻、心共融、乐同享，外来人口进得来、留得下、稳得住。

当前，杭埠镇正在以开阔的胸怀抢抓发展机遇，推动一二三产业深度融合发展。开放包容的杭埠镇、热情淳朴的杭埠人，真诚欢迎各地的企业雄才、商贸高手来此投资开发、置产置业、大显身手，共同将杭埠镇打造成为有活力、有魅力、有温情的现代化小城市。

天长市铜城镇：
勇立潮头踏歌行，勠力同心谱新篇

铜城镇地处皖苏两省三县市交界处，国土面积222.8平方千米，常住人口7.5万人，素有"千秋古镇、革命老区、状元故里、仪表之乡、芡实基地"之美名，综合实力入选全国科学发展千强镇、中部百强镇、安徽十强镇、皖东第一镇，先后荣获中国乡镇之星、全国重点镇、全国生态文明先进镇、安徽省文明村镇、安徽省生态镇、安徽省特色旅游名镇等荣誉称号。2023年，全镇共完成规上工业产值达135亿元，财政收入3.84亿元；全镇规模以上工业企业达85家，3家企业入选天长市"三十强"企业，多项经济指标位列全市前列。

立足自身优势，书写高质量发展新答卷

在实现跨越发展中打造实力铜城。近年来，铜城镇紧紧围绕滁州市八大产业链和天长市经济强镇倍增计划，紧盯"两园两区"产业布局，做强滁州天长化工园区新型化工产业，做大工业园区仪表线缆产业，做优乔田、安乐集中区传统产业，形成了以仪表光电缆、新型化工为核心，家电配件、无缝钢管、工程塑料、中成药等为特色的产业体系。其中，滁州天长化工园是安徽省第一批通过认定的省级化工园区，占地1.36平方千米，以环保涂料、合成材料、精

细化工为主导产业。2023 年,完成招商引资省网到位资金 13.58 亿元,新增招商引资项目 11 个,总投资 67.72 亿元:其中新签约 10 亿元以上项目 1 个,亿元以上项目 4 个,总投资 20.5 亿元;新开工亿元以上项目 6 个,总投资 14.8 亿元;新投产亿元以上项目 4 个,总投资 40.92 亿元,均为 10 亿元以上重大项目。

在推动改革创新中打造活力铜城。大力发展村级集体经济,2023 年村级集体经济收入超 1439 万元。积极培育新型农业经营主体,申报省级示范家庭农场 2 个、滁州级示范合作社 1 个、滁州级示范家庭农场 1 个、县级示范家庭农场 4 个。新增土地流转 666.67 公顷,新增芡实种植流转面积 66.67 公顷。试行村集体经济组织实体化经营,组建公司 5 家,承接项目 6 个,年助村增收约 33 万元。龙岗芡实获批国家地理标志保护产品,入选中国特色农产品优势区。积极推进农村宅基地制度改革试点,为省农村宅基地两项试点现场推进会和部评估验收提供现场观摩点,为部两项省八项重点攻关任务提供典型案例,并获得较高评价。股份权能改革成果进一步巩固,三变改革、土地股份合作改革等典型示范引领作用进一步凸显;沿湖村"土地延包三十年"试点工作稳步推进。

在促进宜居宜游中打造魅力铜城。投资 1385 万元实施通硬化路和联网路工程、基础路网延伸完善工程 21.432 千米,覆盖 16 个村(社区)38 个村民组,投入 100 余万元打造"四好农村路"示范路。积极开展历史建筑和传统风貌建筑维修保护,维修历史建筑和传统风貌建筑 11 户 26 间、建筑面积 476.6 平方米。成功举办 3 届千秋剥菓节和 3 届"铜城—龙岗"半程马拉松。建成 9 个美丽乡村中心村,建设龙岗社区国家级红色美丽村庄试点,五灯村获评省级乡村治理试点示范村。龙岗景区于 2023 年正式开园,并成功举办"庆中秋、迎国庆"主题开园活动,吸引游客超十万人。抗大八分校纪念馆及所属文物景点共接待参观游客预计达 32 万人次。依托龙岗抗大八分校、高庙兵工小镇等红色资源,打造"龙岗红色古镇—高庙兵工小镇—金桑园生态农业园"旅游环线。

把握发展大势，打造繁荣兴旺的百强镇

铜城镇将进一步紧密拥抱长三角区域一体化发展的历史大势，积极对接长三角交通一体化建设的战略机遇，依托现有的产业基础平台、优越的地理区位及地域文化活力，将铜城打造成为长三角核心地区繁荣兴旺的百强镇。

突出量质并举，强化高质量发展的产业支撑。进一步推进产业结构转型升级，继续做大做强仪器仪表、电线电缆、新型化工为主导产业的生产领域，积极扩大以工程塑料、无缝钢管、家电配件、医药器械为特色产业的规模，强化镇域分工合作、错位发展，提升区域发展整体水平和效率。发挥铜城镇在人力成本、产业集聚、地位区位等方面的比较优势，强化铜城作为天长市的重要经济增长极，以产促镇、以镇助产，实现产镇一体的综合发展，打造皖东典范。围绕天长市"3+3"产业链，主动出击。做好签约项目以及技改项目调度工作，为项目开工建设打通"堵点"、消除"卡点"、攻克"难点"。加快推进化工园区及铜城镇工业园区基础设施建设，确保危化品车辆专用停车场、工业污水处理厂正式运行，化工园区智能监管平台通过验收，园区供热中心完成建设。巩固完善余庄村股份权能改革、龙岗社区三变改革、龙岗社区土地股份合作改革、沿湖村土地再延包三十年试点工作和宅基地改革的成果。做好土地流转工作，计划新增土地流转1万亩以上。

突出美丽宜居，打造高质量发展的和美镇村。坚定贯彻落实新时代国土空间总体规划的相关战略布局，以生态为先、以宜居为本、以宜业宜游为重要发展路径，统筹镇村要素保障和基础设施供给，完善镇域公共服务设施建设水平，大力推进乡村振兴战略落实，坚守乡村振兴工作成果，持续加强生态文明建设，建设一个宜居宜业生态的魅力铜城。全面落实"河（湖）长制""林长制"，争创省级森林村庄。持续推进高庙社区红色美丽乡村试点，加快建设沿湖村美丽乡村省级中心村工程。完善防汛抗旱相关工程措施建设，确保防汛抗旱工作取得全面胜利。持续推进城乡供水一体化建设，积极落实大通、安乐水库补水工程项目。深

入开展文明城市常态长效建设，确保镇村干净整洁。加大环境执法力度，严肃查处非法排污案件，重拳整治环境突出问题。

突出人民至上，厚植高质量发展的民生底色。巩固拓展脱贫攻坚成果同乡村振兴有效衔接，严格落实"四个不摘"要求。以"人人享有基本生活保障"为目标，扩大城乡居民养老保险覆盖面，落实各项惠民政策，确保农村特困群众基本生活保障。加大《农村五保供养条例》贯彻落实力度，切实做到应保尽保，按标施保，动态管理。做实危房改造、农村房屋安全隐患整治等民生工程。认真落实信访"1+5+N""1+1+7"工作机制，加大《信访工作条例》法制宣传教育力度，最大限度地减少矛盾积累和信访上行。推进"我为群众办实事""警民联调""警民座谈会"和"双进双评议"等活动，健全社会矛盾纠纷大调解机制，及时化解社会安全隐患。

利辛县城关镇：
丝网纱门产业助力镇域经济腾飞

利辛县城关镇国土面积112平方千米，现有耕地面积9.2万亩，总人口19.6万，下辖5个办事处、15个社区和20个村。城关镇素有"纱门之乡"美称，也是磁性纱门的发源地，丝网纱门已初步对全国形成垄断局面，行业从业人数2万人，被列为全省六大扶持产业之一。城关镇是省政府第一批命名的丝网纱门产业集群专业镇，也是安徽省特色产业基地之一。

从无到有，丝网产业积聚成势

近年来，城关镇紧扣利辛县委提出的"一块布"发展思路，积极推动一批丝网纱门企业从一张纱网入手，通过技术发明、攻关，研发出畅销市场的新型的磁性纱门系列产品。经过几年的发展，目前城关镇丝网纱门行业已经形成从原材料到加工、服务至产品的加工销售等一体化的产业链，出口到越南、南非等5个国家，品种也从初期的1种产品发展到现在的近60个产品。2020年，利辛纺织服装丝网产业总产值突破50亿元。2021年11月，获批安徽省利辛县轻纺服饰特色产业集群。2023年实现总产值82.3亿元，年产值1000万元以上轻纺服饰企业212家，其中规上企业34家。伯希和户外类销量全国排名前列，翰联色纺自主研发并生产销售的原液着色纤维色纺纱系列产品排名全国前列。富亚纱网、骄阳软门等骨干企业"顶天立地"的发展，带动了材料、劳务、服务外包、电商等近50家小微企业"铺天盖地"集聚发展。值得一提的是，富亚纱网2018年获制造业单项冠军称号。

从有到优，产业赋能实现升级

加强创新驱动，推动优质企业锻长板。近3年城关镇轻纺服饰企业固定资产投资累计完成10亿余元，产学研投入5300余万元，科技投入1000余万元。企业技术装备水平快速提升，翰联色纺新引进智能化涡流纺8台（套）并投产，兰飞化纤设备实现先进进口设备占比90%以上。聚焦消费升级需求，大力研发新产品。全镇共获得国家级企业技术中心1家，省级制造业创新中心1家，省级企业技术中心4家，省级工业设计中心5家，"两化"融合贯标企业14家，安徽省新产品20个，安徽省工业精品6个。顺应产业变革趋势，推动智能化升级。全镇现有省级智能工厂2家、省级数字化车间2个，智能化和数字化升级后，产能可提高100%以上、单位能耗可降低20%以上。

从优到精，产业发展实现蜕变

加快产业转型。加强龙头效应。共获得工信部制造业单项冠军企业1家，工信部专精特新"小巨人"企业、省级"专精特新"企业12家，省制造业与互联网融合发展试点企业3家。加快绿色转型。共获得国家级绿色工厂1家、省级绿色工厂2家、国家级绿色设计产品6项。加速企业培育。支持企业加快提升研发创新、品牌、供应链等核心能力，共获得中国驰名商标1件、省级名牌产品4个，获亳州市政府质量奖2个、提名奖3个。精准招商引资。2024年1—4月份，轻纺服饰产业已签约亿元以上项目6个［东人织造（苏州）有限公司、利辛县雪纺纺织有限公司、浙江日发纺织机械股份有限公司、绍兴市柯桥楠恩纺织有限公司、安徽创晟投资有限公司、福建拓康服装有限公司]，其中已落地 2 个项目（利辛县雪纺纺织有限公司、福建拓康服装有限公司），已开工建设 4 个亿元以上的项目（安徽京盛和服装有限公司、安徽创晟投资有限公司、绍兴市柯桥楠恩纺织有限公司、利辛县靖泽纺织科技有限公司）。

锚定方向，产业规模更进一步

在产业布局上重规划。加强与中国纺联、省纺协战略合作，根据产业发展现状，统一规划，提升产业集群化水平。在经开区北部规划轻纺服饰产业园面积3326 亩，在经开区东部规划建设轻纺服饰产业高质量发展示范园，重点打造户外服饰装备加工产业链示范区、智能涡流纺产业链示范区、高端家纺产业链示范区、纺织新材料产业链示范区 4 大板块。在招大育强上求实效。成立轻纺服饰招商组，建立完善延链补链强链重点项目库和培育库，着力引进高端网布、新型纺织材料（纤维）、功能性面料、高性能产业用纺织品、高端家纺和服装服饰、功能性服装等。在技术创新上促提升。引导企业持续提高科创投入，鼓励与高校共建科研创新平台，引进国内外先进技术与设备，大力发展平台化设计、智能化制造、网络化协同、个性化定制等新模式新业态，增强企业核心竞争力。

阜南县鹿城镇：
从"镇"到"城"的华丽蝶变

鹿城镇于 2006 年设镇，辖区面积 114.7 平方千米，户籍人口达 20 万以上。18 年间，鹿城镇不仅实现了从"镇"到"城"的华丽转身，还分别上榜"全国千强镇""2023 中国中部地区乡镇综合竞争力百强"和"2023 安徽乡镇综合竞争力百强"，是名副其实的区域强镇、魅力之城。

从镇到城　一"鹿"走来

2006 年 9 月，阜南县城关镇与城郊乡合并，因春秋时期宋襄公在县域内举行"鹿上会盟"得名鹿城镇。作为阜南县委县政府所在地，鹿城镇的户籍人口从 2010 年的 13 万余人，增长至现在的 20 万人以上；常住人口从 15.1 万人增加至 34.6 万人，是阜阳市常住人口第一大镇。

短短半年时间，总投资 100 亿元的比亚迪新能源乘用车零部件项目、总投资 102 亿元的（纽龙船舶）海洋高端装备制造研发生产项目接连落户阜南，鹿城镇作为项目承接地，资源禀赋和比较优势并不突出，真抓实干是成功的关键。

以比亚迪汽车产业园为例，该项目涉及征收土地 1286 亩，为加快推进征收进度，鹿城镇用"两个 7 天"实现土地完美交付。第一个"7 天"：组织镇村干部深入户上宣传动员，做好政策宣讲、答疑解惑工作，给群众吃下"定心丸"，引导群众积极配合征迁工作，顺利完成土地丈量及地上附属物清点工作，拨付征地及地上附属物补偿款 6590 万元；第二个"7 天"：集中工作人员 50 余人，动用大型机械 15 辆，以最快的速度回填沟塘、平整土地，顺利达到交付条件。

根据协议，比亚迪弗迪公司将投资 100 亿元，在阜南经开区建设整车线束、精工中心、电机精密注塑件、轮速线、轮毂轴承、座椅面套等新能源乘用车零部件生产线，每年可为 100 万辆新能源汽车提供零部件配套。项目全部达产后，预计可实现年产值 100 亿元，解决就业超万人。

近 3 年来，鹿城镇固定资产投资由 1.3 亿元增长至 8.1 亿元，增长率超500%；一般公共预算收入由 2.3 亿元提高至 3.34 亿元，增长 43%；农村常住居民人均可支配收入和城市家庭人均可支配收入分别提高至 2 万元和 3.5 万元以上，较 2022 年分别增长约 32% 和 21%。户籍人口从 2010 年的 13 万余人，增长至 20 万人以上，增长率超过 50%，城镇化进程有序推进。常住人口从 15.1 万人增加至 34.6 万人，增长率超过 100%。

2022 年和 2023 年，鹿城镇连续 2 次上榜安徽乡镇综合竞争力百强乡镇名单，2023 年 10 月，鹿城镇以第 535 位上榜"全国千强镇"名单，以第 31 位上榜"2023 安徽乡镇综合竞争力百强"，同时以第 80 位上榜"2023 中国中部地区乡镇综合竞争力百强"。不仅如此，鹿城镇城区 2023 年还顺利通过省级创建卫生城市检查，城乡环境卫生清理整治入选全国优秀案例。

产业引领　协同发展

以前的鹿城镇，由于产业基础薄弱、资源禀赋普通、经济基础一般，是名副其实的人口大镇、产业弱镇、经济小镇。如何找到突破口、实现产业振兴是头号难题。华丽蝶变的"密码"究竟是什么？深剖鹿城镇的经验，可以用"精、实、融" 3 个字来概括。

注重提质增效，做好"精"字文章。大力招引及发展特色产业，是提升乡镇产业活力和竞争力的重要途径。鹿城镇在产业发展过程中，坚持把"精"字贯穿始终，做好"筑巢引凤"各项工作，提升产业发展质效。抓"产业提质"，壮大综合实力。鹿城镇把项目谋划储备摆在突出位置，聚焦特色产业、乡村振兴等重点领域，精准分析发展定位，谋划储备了一批优质项目。2022年以来，全镇共完成招商项目31个，特别是进入2024年以来，已完成签约项目14个，总投资35.02亿元（已通过县联席会研究5个）；已开工8个，总投资9.7亿元；已纳统2个，总投资6.5亿元；已投产3个，总投资3200万元。抓"项目提速"，厚植发展潜力。坚持谋定在前、逐个研判，对全镇工业建设用地进行拉网式排查，综合区位、交通、人口密度等资源禀赋，择优选定地块作为标准化厂房用地，及时"五通一平"。顺利完成南关社区窑厂项目、县公园停车场建设运营征迁项目等征地拆迁工作。2022年以来，全镇申请衔接资金建设厂房8个，新建厂房面积约6.3万平方米，特别是进入2024年以来，已申请衔接资金建设厂房10个，面积达21.2万平方米，已纳入县级第五批实施项目4个。抓"招商提效"，增强造血能力。抢抓重点城市产业外溢机遇，大力开展产业链招商与"双百亿"项目辐射式招商，用好鹿城商会及在外人才资源，以优质项目不断厚植高质量发展的强劲动能。2024年以来，鹿城镇多次开展外出招商活动，对接长三角、珠三角等发达地区龙头企业60余家，计划投资项目21个、总投资41.7亿元。

注重营商环境，做好"实"字文章。营商环境好不好，企业最有发言权。鹿城作为一块投资兴业的"热土"，始终秉持让企业在阜南"有市场、成本低、能盈利、可持续"的目标，始终践行"只要来鹿城、万事都能成"的优化营商环境理念，让企业在鹿城安心更舒心。树牢"自己人"理念。优化营商环境是一项"永不竣工的工程"，鹿城镇按照县委县政府要求，制定班子成员及村（居、社区）包保企业责任区域，对包保企业实施"三对一"服务。结合日常工作，走访入户开展企业招工宣介，共帮助企业招工1000余人。总投资1.3亿元的星晖鞋业提出包装箱需求大，原有渠道运输成本高，得知消息后，镇村工作人员现场牵线县内优质企业，达成合作，大大降低企业生产成本。截至目前，全镇已累计收办各类问题79条，办结率为100%，满意率为100%。落实"效率化"保障。坚持"靠前一步"，为项目开工"抢时间"。鹿城镇在全力推动产业项目多点开花、蓬勃发展的同时，全力保障比亚迪、纽龙船舶、荣誉集团等重大项目用工用地用电等需求，为项目快速落地投产提供了坚实保障。其中，鹿城镇用"两个7天"实现土地完美交付的做法，受到《安徽日报》的高度关注和深入报道。推行"精细化"服务。作为属地乡镇政府，鹿城镇主动联合有关主管部门，严格执行环保、消防、建筑施工标准，全程参与高标准厂房建设；争取水利、交通、农业等项目支持建设道路、桥梁等基础设施配套，让企业来既能用、用得舒心。2024年4月的一个夜晚，安徽星晖鞋业有限公司厂房在风雨中严重受损，库房里储存的成品女装鞋将面临巨大损失。正在企业负责人陈河几人束手无策间，工厂所在地刘楼村的村干部带着村民们赶过来帮助企业抢修受损的屋顶，经过几个小时的共同努力，受损的厂房得以修复，成功保住了货物。事后陈河感动地说："鹿城企业的需求在哪里，乡镇、村干部们就跟进到哪里。"

注重协同发展，做好"融"字文章。鹿城镇在实践探索中，坚持协同发展，多向发力、多方互动，不断激发高质量发展的动力和活力，千方百计让广大人民群众共享改革发展成果。环境治理见"广度"。创新开展"走出鹿城看鹿城"活动，涉及123个自然庄，累计建成"五小园"9万米，高标准完成省级美丽中心村创建3个。2023年，全市人居环境整治观摩会议在鹿城镇项集村召开，全年开展村庄清洁行动的行政村数量达12个，参与人数达2720余人次，清理村内沟塘数量73口、废弃旧广告牌411个，真正实现了"当年出蓝图、两年可游玩、三年成风景、四年连成片、五年大变样"。城市升级见"深度"。高质量编制"多规合一"实用性村庄规划12个，大力开展"全民创卫、清洁家园"活动，配合改造老旧小区4个，拆除整改旱厕146处，新建公共卫生厕所7处。自2022年以来，鹿城镇深入实施"百巷改造"工程，改造巷道529条，新安装维修路灯301个。同时，深入推进城区10条水系综合整治，联合有关部门新建口袋公园12个。社会治理见"温度"。深化"党总支+党支部+物业"三位一体的基层治理格局，推行网格化管理模式，用一张"网"众多"格"，打通服务群众"最后一公里"。深入开展综合治理和平安建设工作，全力做好重点领域风险防范化解，妥善处理欠薪案件197起。鹿城镇商会荣获安徽省金牌协调劳动关系社会组织。

百尺竿头 再启新程

凡是过往，皆为序章，征途漫漫，惟有奋斗。鹿城镇将以双百亿项目建设发展为契机，继续抢抓机遇，在推动高质量发展上持续发力，打造皖北镇域经济全新样板。

聚焦产业项目强身，在发展壮大经济总量上加力提速。结合自身资源禀赋和产业基础，锚定县域主导产业链，精准谋划一批牵动性大、撬动性强、综合效益好的重大项目。大力推行"项目秘书"、专班包保，把要素保障贯穿到项目开工、建设、运营的全过程，积极培育优质企业。全面摸清村级集体资产、资源和资金，以"村有企业，庄有车间"为目标，因地制宜发展特色经济、产业经济，不断增强集体经济发展"驱动力"。

聚焦营商环境塑形，在服务企业做大做强上加力提速。践行"亲人式"服务，推行"扁平化"沟通，发扬"店小二"作风，以"六零服务法"为抓手，擦亮"南事不难、南事速办"营商环境品牌，兑现"只要来鹿城，万事都能成"诺言。畅通企业诉求反映渠道，细化领导干部包联企业走访机制，多渠道、多角度了解企业诉求。深入开展民营经济上台阶行动，用干部"辛苦指数"换企业"幸福指数"，做到"有呼必应、无事不扰"。

聚焦城镇更新美颜，在提档升级破茧蝶变上加力提速。大力推进城乡一体、产城一体、人城一体的城镇化，科学规划鹿城产业园及各类城镇专项规划，从完善城镇功能和加快城乡经济一体化发展出发，以完善配套设施、增强承载能力、改善生活环境为重点，加快实施一批补短板、强功能、破瓶颈工程。推进老旧小区改造、人居环境整治等工程，做优南湖公园、陶子河公园等网红景点，满足文化展示、群众休闲、生态涵养等多方面功能，切实增强居民幸福感、获得感、满意度。

徽州区岩寺镇：
皖南小镇的美丽蝶变

岩寺镇，地处皖南盆地中心、徽州区东部。全镇镇域面积 73.28 平方千米，下辖 4 个社区、5 个居委会和 11 个行政村，人口 7.48 万人。"工业重镇"也能成为美丽生态乡镇，岩寺镇就实现了从重要工业基地到现代版富春山居图徽州样板的美丽蝶变，成为"全国乡村治理示范镇""安徽省最佳旅游乡镇"。

工业重镇　完美蜕变

岩寺镇最初只是一个小集镇，工业发展基础好，是名副其实的"工业重镇"。全镇紧紧围绕新材料、智能制造、绿色产品三大主导产业，坚持创新驱动，突出转型升级，吸引永新新材料、沿浦金属等一大批重点项目落地。经过多年积累，岩寺镇已经发展成为徽州区工业发展的主阵地，更是黄山市重要工业基地、农副产品深加工和物流基地。

正是这样一个工业发达的小集镇，也能够打造出"最干净""最美丽"生态乡镇。近些年，岩寺镇立足于推动"产、城、人、文"融合，加快打造全国最干净城市推动和美乡村建设，荣获"全国乡村治理示范镇""安徽省产业集群专业镇""安徽省最佳旅游乡镇""安徽省首批千年古镇""安徽省森林城镇""安徽省农村电商巩固提升示范镇"等荣誉称号。

奋楫扬帆　破竹建瓴

近年来，岩寺镇深入学习贯彻习近平总书记"人民城市"重要理念，积极探索城乡建设新路子，积"微"致著，"精"耕细作，城乡面貌提升取得阶段性成效，展现"清秀雅美"的品质，呈现"净在徽州"的风景。

集智聚力，对标先发拉高标杆。彻底摒弃小集镇思维，牢固树立主城区意识，凝聚"领跑"共识，汇聚创"净"力量。坚持顶格推进，成立党政主要领导任双组长城乡建设工作领导小组，在"四下基层"的基础上，带着城市建设"问题清单"，赴福建、厦门等先发地区考察取经。坚持顶层设计，将城乡建设工作作为全镇中心工作，制定"十四五"五年行动方案，美丽乡村、和美乡村打造工作方案，"微景区"、街区等创建工作方案等，构建点、线、面协同推进的联合作战体系。坚持顶部带动，主要领导亲自主抓"一路一街一景"等整治提升，做到每日现场办公、每日问题交办、每日限时督办，在脚步丈量中实现现场抓方案、实地抓完善、就地抓落实。拉紧责任链条，实行居民小区、街区、乡村包保，常态开展"擂台赛"。

精雕细琢，多点发力处处生花。注重"最小干预　最好效果"，塑造点上风韵，带动线上风光、提升面上风景，构建主客共享的魅力之城。"针灸疗法"点缀城市。实施"微改造　精提升"行动，开展永佳大道、岩寺老街、黄山路等街区专项整治，推动乔灌草花组团"增绿"、店招美学设计"添彩"、线路标牌整治"出清"、花境节点美化"上色"、文化语境勾勒"渲染"，纵深推进有机更新，在城市社区布点建设小而美的口袋公园、体育公园、阅读空间，托举群众"家门口"的幸福体验。"绣花功夫"治理乡村。推动创意下乡，高标准建设省级美丽乡村中心村、"五微"样板村，推出"艺蔬临河""童趣虹光"2个"五微"标杆村；鼓励群众参与，实施美丽庭院"满庭芳"活动，千余名农户参与村级创建。铺开艺术乡建，用好乡村推介官、乡村运营师、高端乡村规划师智力资源。虹光、石岗、临河3个村入选全省首批宜居村庄。"微雕手艺"扮靓景区。

提档升级微景区，虹光村入选"最江南"长三角乡村文化传承创新典型案例；临河和虹光村作为全省乡村建设行动现场会观摩点受到全省围观、点赞；石岗村入选全国红色美丽村庄；罗田村荣获"国家森林乡村"，3个村荣获安徽省森林村庄；洪坑村成功入选第五批中国传统村落。

全民参与，友爱美好相得益彰。大力实施"友爱美好徽州"市民文明素养提升行动，开展"五个一批"活动，引导群众共建共治共享，展现徽州城市的美学和温暖。呈现一批美好的小问候。用好"党建+治理"网格化管理，发挥楼栋红管家作用，引导群众讲好文明礼貌"十字"用语，增强人人有感的微观体验。提供一批美好的小服务，培育了"徽小青""美好徽州　友爱有我——巾帼红"等一批志愿服务品牌。打造一批美好的小点位。利用核酸小屋等闲置资源，选点设置了20余处志愿服务驿站，在主次干道创意布设一批公共休憩点位，为市民提供饮水供应、休闲阅读、便民服务等实用功能，让城市能漫步、可阅读、有温度。开展一批美好的小活动。打造夸夸我的好婆媳、好邻居、好村庄、好城市等"夸夸"特色品牌活动；推广"解忧杂货铺"等基层治理，得到《人民日报》内参、《法治日报》等聚焦。讲好一批美好的小故事。创新宣传形式，线上线下联动发声，用好"两微一端"网言网语，以身边事影响身边人。

筑巢引凤，秀美发展互促融合。树立优美雅致的环境也是营商环境的理念，让"最干净"的品质激发"最美丽"的潜质、塑造"最吸引"的品牌，让城乡"净"值转化为发展"增"值。推动秀美与科创相互成全。以环境之美汇聚招商之势，利用"诗和远方"深度绑定企业家、高端人才，实现以商引商，引入30余家亿元企业落户徽州；促进创新迸发，助力融圈进群，积极培育"小巨人"、省"专精特新"企业。推动秀美与农创相互成就。以环境之美推动优质生态资源价值转化，通过流转土地新增花卉、林木、果蔬、中药材等特色种植约670亩，发展稻渔综合种养550亩；加大"三品一标"品牌创建，"花之韵""水榭花乡及图"荣获安徽省著名商标，"竹艺轩"竹木雕刻工艺品荣获安徽名牌产品。推动秀美与文创相互成事。以环境之美加持农文旅体多业融合，育产品、乡村游、民谣节、徽市集、嗨徽州、夜经济文创"六大建设"有力探索，打响乡村旅游，联合举办乡村旅游节，连续6届承办全国新年登高健身大会安徽分会场活动，丰乐城市公园等重磅登场，创意坊、时装秀、民谣节演绎徽州浪漫，"徽州市集"尽显非遗传承，丰乐驿、徽情美食节丰富徽州月夜。

百尺竿头　更进一步

岩寺镇将突出三个方面，把"最干净"范围从城区向园区延伸、从城市向乡村拓展、从生活层面向三生领域升级、从专项整治向常治长效递进，持续提升城市气质气场、乡村品质品貌，打造点上有风韵、线上有风采、面上有风光的大景区大花园，实现岩寺经济社会提档升级，保持"烟雨徽州　诗意田园"的美学高度。

常态驱动，以"美"绘城。常态化实施城市有机更新行动，深化区域式发展，维护好现有"一轴两核六片区"整治成效，构建常态长效机制，逐步形成具有徽州特色的主城区风貌建设管理模式。积极谋划老街片颖溪河、下街片、广惠片、中山片区拓展延伸方案，致力实现推窗见景、出门进园、处处见绿。

因地制宜，以"精"新村。大力推动虹光村和美乡村精品示范村和翰山石际重点村建设。持续丰富虹光村旅游业态，敲定沿线创意节点设计，积极对接引进露营、水中嬉戏平台等新业态。依托童趣虹光主题，串联国防教育基地、忠堂廉政教育基地和童趣虹梁，持续延长研学链、丰富研学活动开发，实现多主题融合、多平台共建，打造独特的村庄研学IP。谋划完善石际艺术村整体规划，力争完成洽谈闲置房屋8栋，打造经营性业态房屋；持续做好整村环境整治工作，推动打造慢生活乡村振兴示范村。

文旅赋能，以"游"带富。坚持以新意创新品，以活动增活力。积极谋划"四季老街"打卡旅游模式，结合传统节日和街巷造景推出多样化、常态化、特色化活动。积极探索小业态矩阵发展新模式，做好业态招引，用好最新推出的岩寺印章、特色折扇、创意文具等文创产品。认真谋划婚礼小镇主题打造，结合岩寺老街活动举办吸引客流量，扩大影响力，并不断发挥品牌优势，带动周边景区景点连串式发展，最终实现区域旅游整体型、互补型发展。

长丰县岗集镇：
以乡村振兴带动产业转型升级

岗集镇位于长丰县最南部、合肥主城区西北角，是合肥未来科学城项目实施区。镇域面积 162 平方千米，人口近 15 万，辖 13 个社区和 6 个行政村。多年来，岗集镇先后荣获安徽省汽车零部件产业集群（基地）、安徽省优秀旅游乡镇、安徽省卫生先进单位、安徽省医疗保障服务窗口示范点等荣誉，逐步建成"村强、民富、景美、人和"的科研圣地、田园耕地、旅游胜地。

稳增长、促发展，综合实力明显增强

作为长丰县"四城"之一的科创新城，岗集镇以打造"科研圣地、田园耕地、旅游胜地"为目标，依托优越的地理位置和独特的发展定位，结合本地优势汽配产业集群和丰富的乡村休闲旅游资源，在突出城乡一体化发展的同时带动一二三产业融合发展，持续用力、久久为功，城乡融合发展取得阶段性成果，经济社会发展实现新飞跃。

经济运行向稳向好。2023 年，全年完成财政收入 11.1 亿元，较 2019 年增长 52.7%；规上工业产值 95.65 亿元，较 2019 年增长 54.0%；完成固定资产投资 28.73 亿元，同比增长 2%，其中工业投资完成 7.76 亿元，同比增长 58%；完成技改投资6.02亿元，同比增长45.2%。完成高新技术企业产值达68.11亿元，同比增长13%，完成战新产值4.81亿元。综合实力位列中部百强镇第30位、全国千强镇第332位。

创新动能持续释放。2023年，新增制造业单项冠军、专精特新企业2家，新增省级以上研发机构、科技创新服务平台1家，建设智能工厂、数字化车间5个。投入技改资金443万元，积极推进科技创新培育及申报工作，发动企业积极申报各项奖励资金，为28家企业兑现奖励资金达5489.3万元。截至目前，全镇国家高新技术企业达63家（其中2023年新增14家）、"专精特新"企业37家、科技型中小企业89家，各类科技人员1000多人。

发展后劲不断增强。2023年，招引签约项目5个，其中安徽年骅新能源科技有限公司年产5万套新能源汽车关键零部件项目（占地面积约14.04亩，总投资1.3亿元）及合肥旺胜电器设备有限公司新能源汽车总成部件研发中心建设项目（占地面积约20亩，总投资3.02亿元）已开工建设。前期签约项目已开工5个，总投资共37.13亿元，其中占地80亩、投资10.8亿元的晨阳橡塑新项目加速建设中；续建项目7个，共投资24.88亿元；竣工投产项目4个，共投资25.69亿元；全年共计收储20个项目。

抓建设、强谋划，城乡发展提档升级

基础设施日益完善。育才苑一期1988套安置房已建成交付，金湖花园C区主体工程基本完工，金明花园五期、晨兴地块安置房正在加快建设中；金明花园三期、公租房老旧小区改造工程加快施工中，金明花园三期邻里中心已建成交付。大科学装置中心魏武路、古城路、潭岗路建成使用，外环西路、朝阳路延伸段等道路正在加快建设中。公路港经四路等3条道路施工如火如荼，斗镇工业园经一路等2条道路基本建成。兴业路220千伏变电站顺利建成投入使用，园区水、电、路等基础设施配套进一步完善。全力保障重大项目实施，轨道S1线项目范围内拆迁涉及企业59家，征迁各类房屋面积约14万平方米，目前科学中心站已顺利封顶，较计划提前近 100 天。先进光源项目 600 余亩土地完成供地，未来大科学城项目实施区内累计完成 652 户群众搬迁、14 万平方米房屋拆迁、1300 亩地面清表、3000 亩树木评估与清理，再一次诠释了岗集速度。

乡村发展亮点纷呈。岗集镇作为城乡接合区域，滁河以北仍以农田为主，凭借丰富的农业资源，完善现代农业区域布局，2023 年种植小麦 3.7 万亩，成功打造桃山万亩小麦示范片。推广林下种植 2.6 万亩，产量达 14.4 万吨，全年粮食种植 8.1 万亩。推广"数字赋农"，新申报 2 家农业科技数字工厂，以安徽农本味生态农业有限公司为代表大力发展互联网+农业，全年电商营业额达 1.69 亿元；以安徽正光农业科技有限公司为代表的农产品加工产业年产值 1.8 亿元。建立蔬菜绿色防控面积 1100 亩，大力推广防虫网、诱虫器、杀虫灯等绿色防控技术。在青峰岭村、桃山村建设碧根果农业示范园 1 个，建立长丰县绿色种养循环农业暨农业面源污染防控示范区 1 个，建立"三大主粮"绿色防控示范片区 2 个。大力发展村集体经济，通过合作联合社、创新工作方法等方式调动各村（社区）集体经济发展积极性，2023 年完成村集体经济收入 2246 万元，其中 200 万元以上村（社区）2 个，实现"一村一业、一村多业"多元发展的大好局面。

人居环境美化提升。建立人居环境整治机制，通过居民、村居、保洁公司联动，做到各类垃圾及时发现、及时收集、及时转运，打造干净整洁乡村风貌。落实农村保洁长效机制，持续推进农村"厕所革命""垃圾革命"，2023 年完成改厕 1344 座，维修 767 座，收集生活垃圾 27184 吨，无害化处理率为 100%。自 2016 年以来，已搬迁水源地居民 3321 户、8947 人。水源地内已建成污水管网 115 千米、污水处理站 22 座，生活污水全收集处理。投资 1.51 亿元开展董大水库饮用水源地村庄生活污水治理，对保护区内现存村民组生活污水全覆盖收集处理。投资 2 亿元重建金岗大道、瑞丰路等 5 处雨污水管道。投资 8000 万元新建江汽大道污水泵站，提升改造卧龙山泵站等 3 处泵站。2023 年清理"散乱污"企业 282 家，近 5 年累计清理"散乱污"并配备专门人员、车辆、设备开展"散乱污"动态巡查，做到发现一处清除一处。

办实事、惠民生，人民福祉显著提升

脱贫攻坚固成果。投入衔接资金 380 万元分别用于购置标准化钢结构厂房、村集体光伏电站及人居环境提升。谋划发展乡村振兴到户项目 298 个，申报奖补资金 23.16 万元，惠及 13 个村（社区）226 户脱贫（监测）户家庭；申报办理小额信贷 625 万元，惠及 125 户脱贫（监测）户，为 1321 户 2895 人办理了"防贫保"，并为 27 户申请理赔 12.9 万元。各项衔接阶段巩固政策均能及时有效落地，2023 年脱贫（监测）人口人均纯收入 21281 元，同比增长 15%。

社会保障精准落实。坚持把就业作为最大的民生工程，利用线上线下多渠道宣传社区快聘，举办 3 场线下助企用工对接会，完成新增就业 668 人、失业人员再就业 26 人、就业困难人员就业 41 人。加大对青年就业帮扶力度，展政校企人才培养联合共建活动，为企业输送专业技能人才 20 余人。开发 7 个村级公益性岗位，并按时发放公益性岗位补贴。

文明成色不断刷新。培育文化队伍 4 支，组织健身舞蹈等体育项目培训 12 次，培训人数 500 余人。创新开设暑期公益课堂，引入文思书法院进行课程安排与授课，目前共开展 22 次，服务 1100 余人。结合近郊优势，联合非遗片区、青峰岭苏小洼、大窑研学游基地及金湖、四十埠、新庄等农业基地，大力发展乡村特色休闲采摘文旅项目。扎实开展体育文化事业建设，新建 10 处室外健身点、3 岁以下幼儿托位数 160 个、社区老年食堂 1 处、小区居民活动中心 2 处。

扬优势、聚合力，推动实现跨越发展

岗集镇将坚决贯彻党中央"农业农村优先发展"指示，充分利用岗集镇邻近市区、沟通南北的区位优势，统筹空间、产业、规模三大结构，立足资源禀赋，发挥特色优势，打造一批现代农业大村、休闲旅游名村、生态环境靓村，以乡村振兴活力推动产业升级。

推进农业农村共同富裕。积极发展乡村旅游、农村电商等新产业新业态，延长补强产业链条，推动农民增收致富。高效发展村级集体经济，探索混合经济等新的增长点，增强"造血"功能，促进农民增收。优化农民收入结构，坚持把就业创业作为农民增收主渠道，做大做强现代农业，重点发展一批适合农民参与的产业项目，确保农民收入增长不减速。

推进特色农业现代化。加强职业农民培训，提高培训频率，加强培训宣传，邀请一批农业专家深入田间地头，手把手指导农民进行农业转型升级，让"农业人口"变身"农业人才"。聚焦"田园耕地"发展定位，加快构建特色主导产业引领、一二三产融合、富民增收的"3+X"现代农业产业体系，深入推进以薄壳山核桃为主的特色农业产业，以"公司+农户"的发展模式，带动和助推绿色优质农产品发展。加快推动传统农业和畜牧业转型升级高质量发展，支持发展桑葚、碧根果、核桃、红枣为主的特色种植业。利用耕地找回政策，探索林草田园模式。依托合肥智慧农业谷，发展智慧农业、有机农业。

推进乡村三产品质化。突出乡村旅游重点建设，聚力打造岗集镇旅游集散中心、青峰岭、鹭山湖度假聚落、薰衣草户外观光聚落、中华慈孝文化聚落（孝子墩）、南部田园度假聚落、大房郢水乡聚落"一镇、一岭、五聚落"，串点成线，优化布局，加快建设岭上乡村振兴示范区和全国特色文旅小镇。通过"旅游+"模式推动旅游与农业农村发展深度融合，吸引更多的返乡人才、专业人才参与到旅游产品和业态创新中。坚持文旅融合、相生共兴，积极撬动电子农业、现代物流、文化创意等现代服务业发展，提升经济发展的"绿色含量"。

推进汽配产业高端化。岗集汽配产业发展已有20年，目前部分传统汽配企业生产经营不理想，受大环境影响经营较困难，汽配企业需要转型升级。做大做强龙头汽配企业，全力支持万力轮胎、万安科技等龙头企业做大做强，带动全镇汽配产业集群加速发展。强转型技改，抓住当前新能源汽车发展风口，加强新能源汽车配件研发投入，走轻量化、智能化路线，推动现有汽配产业向高端化、智能化、绿色化转型升级；加强政策落地，"一企一策"制定落实科技创新奖补政策，推动现有汽配产业向高端化、智能化、绿色化转型升级。多措并举，全力做好汽车电气化时代转型升级。

推进科创成果落地发展。坚持把创新摆在产业发展的核心位置，主动融入合肥未来大科学城建设，深度发挥大科学装置平台优势和"溢出效应"，加强"科创小镇"建设，力争背靠大科促进新兴产业孵化和传统产业转型升级。制定落实科技创新奖补政策，引进高端研发人才，持续抓好产教融合，划出科创园区承载企业，力争建设在长三角地区有一定影响力的科技创新孵化基地。

天长市秦栏镇：
围栏养马秦关兴，百舸争流千帆竞

秦栏镇地处皖苏两省交界，东临历史文化名城扬州，南接我国化纤工业基地仪征，西靠南京江北国家新区，北傍高邮湖，辖区面积112.4平方千米，户籍人口4.4万。多年来，秦栏敢闯敢试，孕育了一个又一个的发展神话。

在继往开来中破浪启航

秦栏镇历史悠久，是宋代大孝子朱寿昌故里，秦始皇曾在此围栏养马，秦汉以后，这里交通发达，商业兴旺，许多代表性的建筑屹立于此，九桥、十庙、六楼、四穿角等，都是其悠久历史的见证。秦栏镇自古以来就是商贾聚集地，多年来，秦栏镇不忘初心，大力发展镇域经济，对其悠久的历史做出了生动的续写，凭借一往无前的奋斗姿态，在中流击水中挺立潮头，激起了朵朵发展的浪花。

多年来，秦栏镇经济社会发展成就斐然，全国重点镇、全国文明村镇、全国发展改革试点镇、全国小城镇建设示范镇、全国经济发达镇行政管理体制改革试点镇、全国"弘扬中华孝道示范基地"都是其发展路上的勋章。

除此之外，秦栏镇还是安徽省首批扩权强镇试点镇、安徽省新农村建设示范镇和滁州市经济强镇，被誉为安徽的"温州模式"、安徽省发展私营经济第一镇、安徽省电子产业集群专业镇等，"秦栏电子"荣获人民网发布的"享誉中国的 100 个安徽品牌"。种种荣光，激励着秦栏镇一往无前、顽强拼搏，以久久为功的姿态接续奋斗。

在实干兴业中乘风踏浪

志之所趋向，水击三千里。事物的发展不会一帆风顺，但是秦栏镇敢于锚定产业发展航向、把牢城乡建设之舵、扬起现代农业之帆，在时代洪流中乘风破浪、奋楫争先。

坚定扛起工业大旗。一部遥控器，一个充电器，足以让世界认识秦栏。秦栏镇以电子信息产业为基础，通过 30 多年的蓬勃发展，充电器和遥控器分别占国内和国外维修市场 70% 以上。积极融入长三角一体化发展，重点围绕电子信息产业、机械装备制造产业、新材料等开展招商工作，吸引大发化纤、迈腾新材料、秦轩汽车、思利康医疗等一批长三角地区企业入驻，秦栏民营经济正在实现由"铺天盖地"向"顶天立地"的华丽转身。截至 2023 年底，秦栏镇共有各类市场主体 7600 多家、企业 2600 多家，其中规上企业 83 家、亿元企业 14 家、高新技术企业 22 家、国家级专精特新小巨人企业 1 家、省级专精特新企业 6 家，各项数据居省内各镇前列。

扬起现代农业之帆。深化"三变"改革成果，落实"土特产"优势发展特色产业，以"龙头企业+基地+合作社+农户"的模式，新增多家县级示范家庭农场、滁州市级示范家庭农场、省级示范家庭农场。开展村级集体经济丰翼增收行动，助力"以购代销、消费助农"活动，打造农副产品网络销售平台，拓宽销售渠道，并在此基础上开展深加工，发展二、三产业，延伸产业链。启动渔业绿色循环发展、城乡供水一体化等项目。深入实施"科技强农、机械强农"，大力推进农业春耕备耕工作，全面提升农业机械化水平，实施牧马湖开发公司生态养殖园项目，实现农业增产增效。落实秸秆禁烧"网格管理员"制度，新增高空可视化瞭望系统，通过"人防"和"技防"相结合，对镇域全范围实行全天候的监控巡查。

在文明建设中行稳致远

长风破浪会有时，直挂云帆济沧海。一直以来，秦栏镇致力于探索构建具备地方特色的新时代文明实践模式，长效推进文明村镇创建工作走深做实。在擦亮"全国文明村镇"金字招牌的同时，正在勾勒一幅魅力孝乡美景图。

把牢城乡建设之舵。近年来，秦栏镇着力擦亮孝子故里生态"新名片"，做实环境整治"大文章"。强化要素保障，坚持"规划引领、建设为民"，重新编制并获批秦栏镇总体规划、秦栏镇西部片区控制性详细规划以及土地征收成片开发方案。开展总长3.5千米的秦栏河道治理工程，昔日脏乱差的秦栏老街河道变成了水清、岸美、景好的"河上人家"。完成14.67亿元"智慧秦栏 美丽小城"城乡一体化项目建设并进入运维阶段，占地18万平方米的秦栏镇孝文化公园已正式开园，产城一体化迈出新步伐。

奋起乡村治理之楫。深入推进平安乡镇建设，扎实推进"八五"普法，完善网格化工作体系建设，常态化推进扫黑除恶斗争。不断健全矛盾纠纷多元化解工作机制，深化"枫桥经验"，成立"长云"调解室、"秦您说"调解室，受理调处各类矛盾纠纷。认真做好领导干部开门接访、带案下访等工作，认真办理上级转交信访件、自办案件，处理好各类网络舆情，对重点人员、重点群体稳控率达到100%，实现"零"非访目标。大力开展精神文明建设，倡导移风易俗。充分发挥14个新时代文明实践所（站）作用，广泛开展"我们的节日"系列活动，成功举办千秋公益集市、首届美食文化旅游节、亲子趣味运动会等各类群众文化活动。

握紧文化内涵之桨。秦栏镇拥有丰厚文化底蕴，这里的建筑遗址，无不透露着岁月的痕迹和丰厚的人文气息。"一山一湖一中心"寻孝之旅旅游项目，建设48.7万平方米文化核心区，文化核心区内建设秦栏河绿色生态风光带；打造以孝亲文化园、寿昌广场、孝子祠、孝子树等各种孝文化元素的研学旅游线路。目前孝亲文化园已开园,公园内孝文化展览馆已开馆,被授予"滁州市委党校第二批现场教学基地""滁州市乡村振兴现场教学示范点"并挂牌南信大国际教育学院"国情教育基地"。

在深谋重虑中鹏程万里

风正劲足自当扬帆破浪,任重道远更需快马加鞭。秦栏镇将继续围绕"113"发展任务,注重打基础、调结构、促转变、扩总量,深入推进高质量发展,持续推进经济发展和社会建设稳步向前。

项目引领,搏击潮头再出发。秦栏镇矢志不渝建强发展引擎。坚持以项目为中心,深入挖掘自身产业优势,全面对接长三角一体化发展国家战略,瞄准上海、宁波、苏州等长三角城市,聚焦电子产业、智能制造等重点产业链招商,依托龙头企业,按图索骥精准招商,在招商引资方面,力求实现新突破,全力攻坚项目建设。持续推进重点项目投资和建设工作,确保项目开竣工率稳居全市第一方阵,固定资产投资同比增速不低于20%。持续做强项目载体。持续完善路网、水电、商贸、教育等基础设施及配套服务。常态化开展"纾困惠企",用足用活土地政策,继续推进兴天矿业征迁,引导小微企业聚集发展。深化"亩均论英雄",开展低效闲置用地、厂房盘活等专项行动,加速推动"腾笼换鸟",倒逼推进园区提质增效,拓展发展空间,提升园区承载力和吸引力。

融合发展,重任于钧再扬帆。秦栏镇将持续发力,全力打造美丽城镇。坚持农、文、旅融合理念,将美丽乡村精品节点、重要人文景点及休闲项目串点连线,连线成面,使全镇范围的各个景点既自成体系,又浑然一体。依托君乐宝奶牛养殖场,建设精品观光牧场,串联孝亲文化园、孝子祠、孝子树等节点,打造乡村休闲旅游精品线路,示范带动乡村振兴。加快推进移创产业园、渔业绿色循环发展、城乡供水一体化等项目,完成庆祝、花园自然庄台整治工作,做好焦涧村、联合村省级美丽乡村建设。持续开展农村人居环境整治提升行动,扎实开展农村垃圾、生活污水等专项整治。带领群众增收致富。健全防止返贫动态监测和帮扶机制，确保巩固拓展脱贫攻坚成果同乡村振兴有效衔接。大力开展"春风行动"等活动，持续开展农民实用技能、创业技能培训，推动"家门口就业""返乡就业"。支持新型农业经营主体发展，积极创建省级农民专业合作社和市级以上示范家庭农场。

聚焦民生，春来潮涌再破浪。秦栏镇将一以贯之坚持民生为先，致力打造幸福小城。继续加大民生实事投入力度，高质量实施好"暖民心"行动和民生实事项目，落实托底帮扶就业政策，搭建企业用工调剂平台，全力促进就业创业。加强农村危房改造及动态监管，进一步保障和改善民生水平，努力让人民群众拥有更多的获得感、幸福感、安全感。全力加强社会保障。全面建立困难群众主动发现机制，保障好困难群众基本生活，持续完善"机构+居家+社区"养老服务体系，做好官桥、新民、寿昌、联盟4个养老服务站与老年助餐点项目运营。加强基层组织建设，切实维护妇女儿童等合法权益。落实全民参保计划，进一步织密社会保障网络。全力优化公共服务。推进基层医疗卫生服务能力全面提升，投资1.1亿元推进秦栏卫生院改造提升。促进教育优质均衡发展，筹划秦栏第二幼儿园建设。不断完善公共文化服务体系，做好文体中心装修工作，大力发展全民健身运动。推动文明创建纵深发展，依托镇村两级新时代文明实践所（站），用好道德模范、滁州好人等榜样力量，做强"孝感心田""云上新华"等志愿服务项目，塑造秦栏特色文化品牌。

潮平两岸阔，风正一帆悬。新征程上，秦栏镇将继续秉持"万折必东不回头"的韧劲，展现"赴百仞之谷而不惧"的勇气，汇聚起高质量发展的磅礴力量，继续谱写秦栏镇新的发展篇章。

霍山县衡山镇：

皖西经济强镇，迎驾生态新城

衡山镇总面积 180.69 平方千米，现辖 11 个村、11 个社区，户籍人口 74420 人，常住人口 13.14 万，先后荣获全国文明村镇、中国产业集群经济示范镇、全国和全省铸造产业集群专业镇、安徽省电子商务进农村全覆盖工作示范镇等荣誉，被确定为安徽经济发达镇行政管理体制改革试点镇、安徽省新型工业化示范基地、安徽小微企业创业基地，综合经济实力多年位居六安市第一。

产业集群成势　皖西风采斐然

近年来，衡山镇紧紧围绕打造"皖西经济强镇、迎驾生态新城"的奋斗目标，大力推进"工业创新、绿色发展、开放引领、城乡共享"，主动适应经济发展新常态，牢牢把握国家产业转移及军民融合发展时代机遇，把工作重点放在夯实基础设施建设、培育壮大龙头产业、做大做强优势产业、推进军民融合深度发展、促进转型升级和帮扶企业解困上。2023 年，实现规模工业总产值 41.37 亿元，利税 1.69 亿元。

"五化"同步炼新城　生态宜居塑强镇

衡山镇始终坚持以习近平经济思想为指导，以产业集群发展规划为引领，坚持"工业强镇"的发展战略不动摇，紧紧围绕打造"中西部经济强镇，生态宜居县城"和"百亿园区，百亿企业"的奋斗目标，按照"拉动龙头化，产业集群化，生产链条化，要素集约化，布局合理化"的思路，着力于"开展大招商，推进大项目，优化大环境，建设大平台，做强大产业"工作，不断创新思路，推进工业经济发展。

持续攻坚招商引资。镇党委、政府坚持不懈抓招商引资，不断完善招商引资措施，创新招商引资方式，出台招商引资优惠政策，不断扩大招商引资范围，通过以情招商、节会招商、以企招商、网上招商等方式，成功地吸引了一批竞争力较强、市场前景较为广阔的工业项目落户衡山镇。2003—2023年，共引进招商项目120多个、资金132.3亿元。

培育壮大主导产业。按照"经济发展产业化，产业发展集群化，集群发展特色化"的总体思路，强龙头，聚产业，抓创新，促升级，促进"大企业上台阶，中企业上水平，小企业上规模"。依托东方灵芝宝公司、易科环保公司、强力实业公司、野岭产业园、经纬纺业等企业，形成了以应流集团为代表的高端装备关键零部件制造、迎驾曲酒公司为代表的食品饮料加工、回音必制药公司为代表的生物制药三大支柱产业，成为带动县域经济的三驾马车。对原安徽天瑞康复医疗器械公司、安徽振华能源科技有限公司、东磁霍山软磁厂3家僵尸企业进行改制，通过租赁经营、清算重组、等价置换等方式，由安徽易科环保科技有限公司、安徽金越轴承有限公司等7家企业进行承接盘活，新建出口户外重竹板材项目、机械加工项目、环保餐具专业生产圆锥项目、圆柱滚子轴承及机加工包装项目、生物添加剂及花卉用肥生产项目，项目总投资1.46亿元，盘活闲置资产1.42亿元。

推动科技创新发展。镇党委、政府把科技创新作为实施"工业强镇"战略的关键环节来抓，给予政策扶持，不断加大对科技创新的奖励、扶持与引导力度，先后打造以应流集团为核心的省级铸造业高新技术产业基地、省重大装备制造业示范基地，集聚创新发展要素，不断提升企业创新能力和发展步伐。到2023年，全镇高新技术企业达8家，高新技术产品48个，工业领域市级以上科技成果奖 33 项，发明专利 72 件。依托应流集团，与中国科学院金属研究所、上海交通大学、北京科技大学、中国航发集团、中国工程物理研究院、中国核动力研究设计院等多家专业院校和科研院所开展技术合作，同时还与英国谢菲尔德大学、CTI-欧盟铸造技术国际研究中心、美国冶金学会、通用电气等国际客户的研发机构等开展技术合作。

打造园区发展平台。为进一步构筑招商引资平台，吸引更多的外来投资者，2003 年 7 月，衡山镇在县城西部筹建城西中小企业工业园。随着工业经济的迅猛发展，入园企业快速增加，企业规模快速扩张，于 2008 年再一次对园区规模进行调整，园区范围延伸至迎驾厂，面积增加到 19.49 平方千米。10 多年来，衡山镇党委、政府始终把工作重点放在夯实基础设施建设、培育壮大龙头企业、促进转型升级和帮扶企业解困上。共投入园区建设资金近 20 亿元，实现了"三通一平"（水通、电通、路通，地面平整）。已入驻工业企业 45 家，其中规模以上企业 27 家，主板上市公司 2 家（迎驾集团、应流集团），主板上市分公司 3 家（浙江回音必集团、浙江东磁集团、浙江五洲新春集团），新三板上市 2 家（天安生物、抱儿钟秀），省股交中心挂牌 1 家（爱民食品）。坐落在园内的迎驾野岭产业园、应流航空及船舶海洋工程产业园、浙江五洲新春霍山产业园及衡山众创园建设稳步推进，四大特色产业园将成为霍山工业发展的支柱和主要增长极。

斗志昂扬谱新篇

民族要复兴，乡村必振兴。未来，衡山镇将继续全面贯彻党的二十大精神，信心满怀、斗志昂扬，全力推进乡村振兴战略，奋力打造乡村振兴先行示范镇。在推进乡村振兴发展的道路上，继续深入学习"千万工程"所蕴含的发展理念，坚持围绕产业特、主体强、环境美的三大目标，奋力打造乡村振兴先行示范镇。

南陵县许镇镇：
抢抓机遇，"许"要转型发展

许镇镇，地处南陵县城北，与芜湖市区隔河相望。区域面积177.54平方千米，户籍人口11万多人，常住人口8万多人。近年来，许镇镇全面融入省市县首位产业发展布局，发挥该镇临近市区"桥头堡"作用，全力打造以新能源汽车零部件配套产业为核心的工业经济集群，取得亮眼成绩。

"汽"势如虹，因何选"许"

2023年12月1日，芜湖市委常委会赴南陵县现场办公时强调，要把许镇作为南陵融入全市汽车产业布局的"桥头堡"，在全市优先发展许镇新能源汽车核心零部件产业基地。2024年2月26日，芜湖市委、市政府召开"双招双引"重点项目集体调研总结推进会，再次对南陵的发展提出明确要求——南陵要聚焦加快新型工业化，以许镇为"桥头堡"，主动加强与奇瑞对接合作，加快落地一批汽车零部件产业项目，做大做强工业经济规模。为何在城市竞速如此激烈的情况下，芜湖市委、市政府对这个镇如此青睐？

发展潜力大。新能源汽车零部件产业作为许镇工业区的主导产业，目前已有15家，有一定的集聚效应。产品涵盖新能源车身结构件、内外饰、车用材料等，加工能力包括冲压焊接、钣金机加工、熔炼压铸、注塑吹塑、喷涂装配，2023年以 11% 的土地、16% 的企业、24% 的用工，创造了 59.2% 的工业产值和 48.9% 的税收收入，2021—2023 产值年均增速超过 20%。

区位优势强。205 国道、339 省道十字交错，北上 G50 沪渝高速、宁安高铁，南下 S32 铜南宣高速 10~15 分钟车程，宜于承接新能源汽车零部件产业转移。距离奇瑞新能源车程 35 分钟、奇瑞汽车总部 55 分钟、无为比亚迪产业园 60 分钟、江北智能网联工厂 75 分钟，在 G205 火龙岗至南陵渡桥段快速化改造完工后，车程又将缩短近 15 分钟，可以形成零部件和主机厂一小时内配送圈。

生活设施全。集镇区水域环境优美、公共配套完备、夜间经济繁荣，商业街区 24 小时不打烊，引进了肯德基、瑞幸咖啡等连锁品牌入驻许镇，为企业更好引进人才、服务人才创造良好便利的生活条件。未来将与市区形成 20 分钟通勤圈，直接承载城南大学城的人才辐射，可以为主导产业提供可靠的人力要素支撑和完善的生活服务配套，实现产业、城镇、人才深度融合。

乘势而上，何以成"许"

许镇镇抢抓机遇、信念坚定、干劲十足，成就产业蓬勃发展的新气象，在于形成了党政共抓、上下协同、横纵联动的一套体制机制。

科学制定规划，步步为营、久久为功。当新能源汽车及其零部件作为南陵县首位产业，作为"桥头堡"的许镇顺势而为，主动作为，做好顶层设计。县委县政府高度重视、全力支持，全镇上下坚定信心，围绕"1425"战略，始终锚定"汽车强镇"这一目标，全力打造特色产业集聚区、创新改革试验区、同城发展示范区、新能源汽车核心技术转化新高地，利用产业基础、区位优势及配套活力，做好林都智能网联汽车科创园和龙潭汽车零部件产业园两个产业组团建设，着力推进空间聚合、产业聚集、发展聚能，持续壮大汽车及其零部件产业产值。

聚焦产业发展，理清思路、埋头苦干。培育壮大首位产业，许镇镇多措并举全力保障新能源汽车企业落户。一是跟班"学"。紧紧依靠奇瑞公司，以模具检具夹具及冲压件、核心零部件及结构件、重点部件总成、后市场配件、汽车制造及仓储产线集成为重点，实行专班推进、强化人员交流，县镇选派优秀干部进驻奇瑞公司和研究院跟班学习，充实业务能力和水平，加强项目信息沟通交流，搭建政企合作"立交桥"。二是政策"实"。进一步明确亩均固投、亩均产值、亩均税收等项目准入门槛，制定汽车及零部件产业准入指导意见，完善汽车及零部件产业集聚发展扶持政策，从投资运营、租赁搬迁、研发创新、税收奖补等方面给予政策扶持，支持创新驱动发展。三是全力"引"。以奇瑞上下游配套为核心，通过专班招商、以商招商、商会招商、产业链招商等模式开展靶向招商，推动更多产业链、创新链、供应链企业落户。2024 年，重点招引头部企业投资项目、核心大项目、高投入高产出项目落地许镇镇，瑞明智能网联汽车零部件产业园项目、至信科技车身零部件项目、安徽大昌科技股份有限公司汽车车身件项目和上元·南陵汽车模具产业园项目均有强烈意向。项目汇聚了汽车后视镜、隐藏式门把手、电动导流板、车身冷冲压件、轮毂、车窗等汽车配件生产，计划总投资达 25 亿元，项目达产后年产值可达 40 亿元。四是底气"足"。南陵县全力支持"汽车强镇"工程打造，统筹财政、专项债、银行贷款等各类资金，在财政资金上予以充分保障。许镇镇组建南陵县龙潭汽车零部件产业园有限公司，发挥平台公司开发功能和投融资功能，保障产业园道路、高标准厂房、城乡供水、城镇污水等基础设施建设资金，确保重大项目顺利落地。

优化土地配置，盘活存量、谋求增量。面对新能源汽车企业土地需求和现有土地供应不足的矛盾，许镇镇始终坚持推进全镇域、全链条土地要素保障服务。一是合理规划编制。科学编制"多规合一"的国土空间总体规划，合理划定城镇开发边界，完成控制性详细规划修编报批，将许镇镇产业项目、基础设施建设等用地指标纳入县级重点保障计划，扎实推进土地增减挂钩项目。二是强化要素保障。进一步完善《林都智联汽车科创园低效用地有机更新工作方案》，通过存量企业搬迁"釜底抽薪"、增量租赁监管"枯本竭源"、收储连片开发"正本清源"等多种方式，做好全镇土地处置工作。对低效企业倒逼加速转型升级或搬迁腾地，加快低效企业淘汰落后产能，及时清理"僵尸企业"，加快实施"腾笼换鸟";全力推进工业上楼,让产业垂直生长。三是做好征地拆迁。以原来中邮科技项目为基础,全镇上下用政策、勤走访、善商谈,全力推进龙潭产业园项目用地保障。

坚持优化环境,主动对接、精准服务。坚持把优化营商环境作为释放市场活力、激活发展潜力、提升镇域竞争力的重要抓手,助推经济高质量发展。一是落实走访机制。镇党政领导班子成员对全镇所有企业开展经常性走访,走访中镇领导班子坚持"简单的问题现场办,困难的问题追踪办"的原则,解决入驻企业发展难题。二是发挥纽带作用。通过"新春第一会"等在助力企业稳定发展、帮助企业提质增效、降低企业生产成本等方面持续发力,利用招工小分队帮助企业对接学校、社会团体、各级机关单位,为企业提供招工招聘、各类培训、行政事务申报等服务。三是提升服务层级。对标市区公共服务体系,加大许镇镇区建设投入,全面提升就业服务、教育医疗、旅游娱乐、餐饮住宿、生活交通等产业发展配套服务能级,高标准建设人才之家,新建人才公寓建筑面积约 2 万平方米、全民健身中心及附属配套设施等,总投资约 7500 万元。四是强化配套设施。规划实施林都智能网联汽车科创园工业大道、龙潭汽车零部件产业园龙潭大道等内部道路及 G205 许镇交通枢纽、新中塘道路桥梁、S339 南陵段升级改造工程,推进林都、龙潭两个产业组团基础设施互联互通,与市区基础设施联通对接;提档升级 6 座自来水厂供水设备、管网设施,规划建设 3 万吨清水池加压泵站,转接华衍水务供水;沿 205 国道全线敷设燃气管道,主管道送达企业用地红线附近,根据企业用气需求可及时接通供气,确保工业用气需求等。

凭势而起,未来期"许"

扶摇直上、砥砺前行。许镇镇将牢牢把握机遇,披荆斩棘、改革转型,奋力走出一条高质量产业发展之路。紧盯汽车及其零部件产业目标不动摇,深化三个"用力",进一步擦亮"汽车强镇"品牌。

在引育核心企业增加产值上持续用力。思想上破冰,发展越到深水区,其

"进"愈难，越考验思想的凝聚力、创新力，要深刻贯彻落实省委提出的"六破六立"要求，持续抢抓全省新能源汽车发展"新风口"。行动上突围，聚焦高产值、龙头企业，补链强链延链固链，不断提高双招双引力度，奋力冲刺首位产业500亿元产值。转型再发展，加快原有小型服装业、家具厂搬迁换地，促进产业格局由劳动密集型向技术密集型转换。

在增强产业辐射就业富民上持续用力。加大宣传力度，持续宣传返乡就业政策，促进人才回流。搭建用工平台，做好全镇企业用工和劳动力求职对接，定期举办人才招聘会，带动村民增收致富。加强职业技能培训，建立完整完善的职业技能培训体系，以汽车用工需求为导向，进一步增强培训针对性、有效性，持续输送高技术人才。

在优化营商环境强化服务上持续用力。深化"一改两位"，落实一系列减税降费政策，持续优化要素获取环境，提高水、路、电、网等公共基础设施便利性，建设广源大酒店、大碗花园民宿、人才公寓等项目，持续强化配套。深化"五无"为企服务理念，推进"纾企困、惠民生"企业遍访，持续做细做实重商、安商、亲商、暖商、护商各项工作。顶格成立镇创建一流营商环境工作领导小组，深化落实公共政策兑现和政府履约践诺行动，健全调度包保机制，建立全天候、部门联动一体化的政务服务体系，优化串联企业投资项目备案、用地、规划、施工等审批服务流程，努力把服务"含金量"转化为发展"实物量"。

潜山市源潭镇：
"小刷子"刷出"大产业"

> 源潭镇，地处大别山边缘，位于安庆桐城、怀宁、潜山三县（市）交界，总面积162平方千米，户籍人口6.6万，常住人口8.8万。吸引近3万外地创新创业人才"逆势"回流，主要在于该镇拥有一个百亿大产业——刷业。

"参天大树"初步长成

源潭的刷业起源于20世纪70年代。最早时候，由本地农民因生活所迫收购猪鬃、制作刷子，走街串巷卖刷子这样艰难起步。半个世纪里，小刷子历经背包客、作坊生产、规模生产、集群发展四个发展阶段，从养家糊口的"副业"发展成富民强镇的"主业"，从散布村镇的"草根经济"成长为规模第一的"百亿产业"。

小镇上，现有全国唯一的省级刷制品质量监督检验研发中心、全省唯一设在镇里的省级行业商会"安徽省刷业商会"，还有全省第一个设在乡镇的"公用型保税仓库"、全省第一个落在镇里的省级跨境电商产业园。被授牌"中国刷业之都"，成为安徽省内唯一以工业制品冠名"都"称号的地区。成功入选安徽省县域特色产业集群和省服务业集聚区。先后获得"全国文明乡镇""全国重点镇"

"国家建制镇示范试点镇""安徽省刷业特色小镇""省级县域特色产业集群"等10 余项国家和省级荣誉称号。

源潭刷业的"参天大树"初步长成：产业由弱散形成集群，由低端转向高端，从乡镇走向国际。2023 年刷业经营主体近 5000 家，较 2010 年实现 24 倍递增。刷业产值超过 110 亿元，较 2010 年实现 10 倍递增。全国 90% 的环卫刷、70% 的工业刷和 30% 的民用刷出自源潭，形成"千个产品、万种型号"的产业集群，产品远销全球 70 多个国家和地区，并为华为、三星、京东方等国际知名企业提供配套。带动全镇一半人口就业，人均增收 3 万元以上。

养分来源，"何以参天"

源潭依靠刷业实现产业"逆袭"成功的背后，在于坚持"企业做产业、政府做生态"，形成了一套行之有效的手法、步法和打法。

坚持主导产业不动摇，持续用力、久久为功。源潭制刷手艺"偷学"于桐城市青草镇等地，之后凭着一批脑子活、能吃苦、敢闯荡的"刷一代"艰苦创业，持续不断地带出了"刷二代""刷三代"，现已形成了全民制刷、爱刷、护刷的浓厚氛围。潜山市政府顺应民意、顺势而为，始终对刷业"高看一眼"，一届接着一届干。"十二五"以来一直把刷业确定为主导产业，并制定差别化扶持政策，如对一般工业项目生产设备的投资额给予 10% 的补贴，而对轻工刷业给予 20% 的补贴，推动了刷业发展壮大。

坚持创新引领增动能，产业升级有支撑。"小刷子也有'卡脖子'难题"，破解难题唯有创新。概括起来说，走了 4 步棋。锻造制刷技术"金刚钻"。源潭制刷人肯钻研、爱琢磨，始终把掌握核心技术作为刷业发展的制胜之道，敢于同对手争高低、乐于向同行学技术。长中刷业花 4 万多元从德国进口一台洗地机，学习消化再创新，成功研制出拥有自主知识产权的洗地机，价格不到国外的 1/10。搭建创新合作"立交桥"。源潭制刷人深刻认识到，刷业发展光靠"土专家"不足以解决技术难题，必须借助于高校院所的创新资源。先后与华中科大、合工大等国内知名高校开展产学研项目合作，与安工大共建刷业工程技术研究中心，在省外合作建立7个"研发飞地"，累计申报各项产品专利185项。掌握行业发展"话语权"。谁掌握了标准制定权，谁就掌握了市场主动权。源潭制刷人对此深信不疑，先后设立全国首个省级刷制品质量监督检测研发中心，率先颁布国内刷制品地方标准，牵头制定10个团体标准、4个地方标准，牢牢站稳了行业发展的制高点。插上数智赋能"金翅膀"。数智赋能传统产业发展是大势所趋。顺应这种趋势，源潭制刷企业抢抓机遇、主动作为，开展智能工厂数字化改造，推动企业"设备换芯、生产换线、机器换人"。培育国家级专精特新"小巨人"企业1家、市级以上"专精特新"企业16家、高新技术企业22家、省级智能工厂1家。产品成功入选安徽省县域特色产业集群（基地）和服务业集聚区。

坚持搭建平台见真章，集聚资源有载体。源潭围绕吸引汇聚各类要素资源，搭建了5类平台载体。一是打造园区承载平台。建设总规划面积7平方千米的刷业产业园，出台鼓励企业入驻园区支持政策，引导散落在集镇各地小微制刷企业入驻标准化园区，推动刷业集聚化发展。获批省财政厅2亿元专项债发行计划，高标准建设智能清洁装备产业园。二是打造创新孵化平台。建设10万平方米源潭刷业高新创业园，打造拎包入住的产业"孵化器"，引导成长性好的中小微企业和新签约项目进驻园区，推动制刷企业"个转企、小升规、企转新"。三是打造融资担保平台。市财政每年设立2000万元刷业发展基金，支持刷业创新升级，全面提升基础设施、创新平台等配套服务水平。根据企业需求量身定制"刷业贷"等特色金融产品，累计发放贷款1.8亿元。设立全省首个镇级融资担保公司，累计为企业提供担保贷款近30亿元、过桥业务近65亿元。四是打造跨境电商平台。设立、整合跨境电商产业园、保税仓库、中外运报关窗口等，助力更多刷业企业走出去。目前，已有2000余家企业注册电子商务平台会员，70多家企业开通国际网站，35家跨境电商企业和服务平台入驻跨境电商产业园。2022年，源潭刷业及制成品出口额近3亿美元，跨境电商交易额达3900万美元。五是搭建行业交流展示平台。高标准建设刷艺小镇客厅，展示中国刷业之都品牌形象，提升特色小镇文化品位，打造成为宣传刷艺小镇的载体、招商引资的桥梁。2022

年成功举办首届中国（源潭）国际刷子工业展览会，吸引美国杜邦等境外企业在内的 120 家企业参展。积极支持安徽省刷业商会发展，每年资助 40 万元，推动开展招商引资、行业自律、企业家培训、"金刷工匠"评选等活动，在更大范围感召更多优质资源要素向源潭加速集聚。

坚持优化环境不松劲，精准服务有力度。源潭刷业能发展壮大，离不开当地良好的营商环境。一是围绕刷业办实事。潜山市出台促进源潭刷业产业园高质量发展实施意见，每年实施十件实事，细化任务清单，督查考核办全程跟踪督办，防止目标"空设"、责任"空转"。二是顶格服务事特办。市行政服务大厅设立"源潭"办事专窗，实行企业注册、备案、用地规划许可等全程帮办代办。在源潭刷业的发展中，源潭坚持围绕"镇当城建、产城一体"，推进特色产业小城市建设，大幅提升了城市功能品质和美誉度。三是提升城市能级。坚持工业集群化、集群园区化、园区社区化、社区城镇化，聚焦潜山市域副中心城市目标，大力实施城市更新行动，打通城市大通道，争取岳武高速东延线在源潭设立出入口，新建 10.5 千米北接无岳高速、南接主城区的快速通道，主动融入合肥 1 小时经济圈，打造潜山承接合肥辐射的"桥头堡"。四是完善公共配套。源潭建起了全市最好的医院、最棒的小学，免费开放鲁坦河、永大体育 2 座公园和市民健身中心，建成了滑板比赛标准化场馆，培育特色餐饮上百家，专门开设了肯德基门店，全方位提升了教育、医疗、休闲等公共服务水平。五是集聚产业人才。源潭积极做好全镇各类人才的信息采集、入库以及管理工作，定期对外发布人才政策和人才需求信息。组织开展潜山籍高校毕业生沙龙活动，宣传返乡就业政策，举办人才招聘活动，为人才提供优质的服务。一批高学历的"刷二代"甚至"刷三代"陆续回归、返乡创业，为源潭刷业发展提供了源源不断的"人口力量"。

"朝夕"向上，继续生长

乘势而上，砥砺前行。源潭镇将继续坚定不移走产业转型之路，紧盯国家级特色小镇和国家级创新型刷业产业集群目标，从三个"聚力"着手，立足刷业、发展刷业、突破刷业，进一步擦亮“中国刷业之都”品牌。

聚力产业，促使刷业集群质效提升。从产业宽度上，加快补链强链延链，实现“点上开花”到“串珠成链”。全力以赴抓招商，围绕高端刷材、制刷机械、智能清洁等产业，突出招大引强、招新选优，不断提高双招双引成效，以更多大项目好项目支撑产业发展。从产业深度上，发挥好企业的主观能动性，破除“小富即安”的思想，加强科技创新，促进刷业产业从劳动密集型向技术密集型转变。从产业能级上，打造刷业“智”造园，赋能数字“智慧平台”，通过“互联网+刷业”数字经济，助力源潭制刷业向创新“制高点”不断攀登。

聚力主体，推进企业做大做优做强。注重激发“内力”，制定刷业产业链龙头企业培育计划，建立规上企业培育库。真金白银扶持制刷企业发展，落实一系列减税降费政策，减轻制刷企业负担，促进制刷企业轻装上阵，提高核心竞争力。组织召开刷业高质量发展大会、企业负责人外出考察、企业家座谈会等活动，强化企业创新创牌意识，解决企业实际困难。注重借助“外力”，积极引导刷业企业和高校开展产学研合作，与安徽工业大学共建刷业工程技术研究中心，和东北大学签订战略合作协议，谋划建设智能制造研究院。鼓励骨干企业在北京、上海、广州等先进地区建立“飞地”高标准研发中心。

聚力配套，保障企业发展要素需求。加大基础设施、交通物流、人才引进、用地保障等系列产业配套服务建设。持续推动“镇当城建”基础设施建设，加速镇区改造进程，谋划安徽潜山经济开发区（源潭刷业产业园）基础设施改造升级项目。推进物流中心项目选址，积极对接省内知名物流企业，召开镇内物流企业座谈会，谋划建设物流园。注重高端人才招引、培养，积极为留住人才创造条件，为助力刷业产业转型升级提供强有力的人才支撑。启动源潭镇国土空间规划编制，通过村庄规划集体建设用地解决基础设施建设用地指标需求。继续推进新型城镇化建设，打造宜居小镇，让更多人愿意到源潭投资兴业和就业。

宣州区狸桥镇：
积极破题突围，激荡产业振兴"活水"

狸桥镇古称"金牛"，地处皖东南，是宣城的东北门户，北与江苏南京接壤，处于苏、皖两省交界处，是宣州区融入南京都市圈的桥头堡。现镇域面积228平方千米，辖12个村，1个社区，户籍人口6.2万人，常住人口约7.3万人。狸桥镇是国家级生态镇、全国重点镇、安徽省"扩权强镇"试点镇、安徽省优秀旅游乡镇、安徽省历史文化名镇、安徽省产业集群专业镇、安徽省经济发达镇。

风起长合区　发展正当时

随着2024年1月16日安徽省人民政府正式批复同意设立长三角（宣城）产业合作区，狸桥镇（宣州经开区）团结带领全镇党员干部群众走进长三角，全力拼经济、拼稳定、拼作风，成为长三角一体化建设的主战场、排头兵，综合实力大幅提高、人民生活稳步改善，以实干实绩交出了高质量发展优异答卷。

全力抓经济聚动能，综合实力实现飞跃。坚持将抓经济作为高质量发展的第一要务，奋力实现镇域发展新优势。2023年实现税收收入3.71亿元，全年新增"四上"企业13家、省专精特新企业3家。综合目标考核连续3年位居全区第1名。狸桥镇在"安徽乡镇综合竞争力百强榜"排名较上年提升32名，位列第56

名,宣州经开区在省级园区考核中排名呈逐年进位态势(2021年103名,2022年92名,2023年75名)。

聚力抓推进促转型,产业发展提速提效。坚定不移走转型发展之路,以创新求突破,不断巩固传统优势产业,推动战略性新兴产业融合集群发展,构建一批新的增长引擎。2024年5月承办了2024年全国碳酸钙行业年会,常州碳酸钙有限公司、广西华纳新材料股份有限公司等行业内领军企业参会,引导现有碳酸钙企业大力转型升级,走"精细化、高端化、绿色化"技改之路,让长合区的"工业味精"质更好、价更高。加大数控装备产业招引,2023年10月成功举办了第一届长三角机床产业发展(宣城)研讨会;引进生产数控机床的核心零部件——刀库制造,依托机床核心部件企业,陆续招引了工业母机、高端光机、整机制造、钣金配套等项目,在数控装备领域正在形成加快集聚态势。

大力抓项目强支撑,内生动力持续增强。围绕项目建设大会战工作部署要求,持续推动全镇重大项目建设,坚持"小单元、大密度"周调度机制,形成合力产出工作实物量。2023年新开工项目33个,竣工项目32个,投产项目26个,均超年度目标任务。总投资20亿元的钜实钢构项目开工建设,欢驰汽车、贝耐德管道、广诚钢构等重点项目顺利投产。

奋力抓招商引人才,产业导入加速推进。把招商引资摆在更加突出位置,2023年签约亿元以上项目35个,总投资151.7亿元,其中5亿元以上项目9个,20亿元以上项目2个。占地500亩的数控装备产业基地(一期)项目成功落户,是目前长合区历史上招引最大的产业项目。截至目前,已招引落户刀库、数控光机、卧式加工中心、立式加工中心、钣金配套等23个项目,总投资49.2亿元,其中方冠刀库、新典机械等10个项目已在过渡厂房生产。积极人才培养平台,与宣城市信息工程学校合作,成立"宣州经开班""宣州经开数控班",订单式培养技术人才,已有31名学生进入宣州经开区企业顶岗实训。聚焦无机新材料、高端装备制造产业发展,积极帮助方冠刀库定向招引合肥工业大学机械工程专业人才3名,实现镇聘企培"零突破"。

合力抓基础夯建设,发展要素持续筑牢。公共配套不断完善,邻里中心(一期）建成，3000平方米展陈馆、为民（企）服务中心投入使用，二期的人才公寓和商业办公等服务配套设施正在加紧建设中，预计2024年底竣工；完成高速出口风貌改造提升，成为皖苏两省交界处重要的景观地标；宁宣高速全线贯通，园区设有出口，一体化互联互通更加便捷高效；杭合高速加快推进中，即将开工的宁宣高铁将在镇内设立宣州站。乡村振兴成果丰硕，全速推进"皖苏新城·和美两湖"乡村振兴示范片区建设。擦亮为民"底色"，找出群众晾晒需求与文明创建的"平衡点"，设置2处便民"晾晒点"，改造临时停车场1处，新增机动车停车位80个、非机动车停车位200余个，解决群众停车难问题。改造升级集镇菜市场，开展菜市场周边及漪城路"综合整治攻坚月"行动，划分自产自销专门区域，解决了农民自种菜摊位占道经营问题。设置2家老年助餐点，为行动不便老人提供外送饭菜服务。

极力抓改革促开放，体制机制不断创新。扛牢安全稳定的重大政治责任，以"社会稳定攻坚年"活动为抓手，多措并举、敢为善为，以小切口解码社会稳定"大格局"。狸桥镇以"镇区合一"行政管理体制改革为契机，整合狸桥镇城管中队、森林防火队等多个执法部门，建立综合行政执法大队。扎实推进省级综合应急管理站"一镇一委一站"消防治理体系建设试点工作，构建大应急管理体系，狠抓安全生产全领域隐患排查整治及应急救援工作。全力打造高标准综治中心，创新打造"握手言和"调解品牌，全员参与开展"警民夜谈会"，以覆盖广泛的人民调解组织网络和多元力量配备，构建"小事不出村，大事不出镇，矛盾不上交"的矛盾纠纷调解格局。"握手言和"调解品牌在全市得到推广，中央、省、市媒体相继报道。

"镇区合一"　谱写发展新篇

近年来，狸桥镇（宣州经开区）认真贯彻落实党中央决策部署和省委、市委、区委工作要求，按照"三个聚焦"工作思路，以"项目建设会战年、社会稳定攻坚年、作风建设深化年"为抓手，紧扣长三角（宣城）产业合作区设立机遇、超前谋划、主动应对,将长合区建设作为全区的"一号工程"抓,呈现了域内经济社会发展稳中向好的发展态势。

聚焦谋篇布局,在规划引领上突破。加强规划衔接和政策协同,以一体化思维推动长合区宣州片区建设发展。参与编制长合区总体规划和产业规划,高标准协同推进宣州片区发展规划编制;长三角(宣城)产业合作区宣州片区规划总规模为 25.73 平方千米,其中启动区规模 2.5 平方千米,目前已完成启动区 70% 成片开发方案的编制工作;利用上海大都市圈规划编制契机,将宣州片区纳入上海大都市圈规划重点空间单元;持续推进宣州经开区国土空间规划编制,利用城镇开发边界局部优化契机,新增空间建设规模近 300 亩;组建工作专班,全力做好宁宣高铁、杭合高速项目前期工作,让域内"五湖四海"的资源和"四通八达"的交通,在新的规划布局中大放异彩。

聚焦项目转化,在发展成效上突破。落实重点项目"分指挥部办公室周会商、指挥长季调度"机制,紧盯项目库、建立培育库,制定问题清单,明确整改措施、整改责任人、整改时限,对未按计划实施的项目逐项销号。组建项目保障专班,建立扁平化问题收集、交办闭环解决机制,及时梳理交办重大项目推进过程中存在的难点、堵点、"卡脖子"等困难问题。充分发挥"镇区一体"部门合力作用,进一步优化工作机制,建立项目谋划全周期清单,不断提升项目谋划的针对性和有效性。争取集镇建成区水环境综合治理等谋划成熟项目申报专项债,长合区宣州片区核心区域基础设施提升项目申报长三角中央预算内资金及专项债券。

聚焦主导产业,在招大引强上突破。进一步优化招商引资工作体系,构建多层次招商网络,明确招引主攻方向,按照"强龙头、补链条、聚集群"的要求,聚焦装备制造、无机新材料产业链上下游,推进长合区主导产业集聚。研究制定《宣州区关于推动长合区宣州片区工业母机产业集群高质量发展的实施意见》专项扶持政策,积极主动与宣城市基金招商局、长合区产业基金对接,争取产业基金对宣州片区的延伸,为大项目落地创造条件。做深做实"驻点招商""二次招商",紧盯深圳创世纪、浙江海德曼等国内机床龙头企业,深耕江苏常州、浙江台州、山东滕州等国内工业母机集聚地，完善上下游配套，助力国产机床高端化，力争 5 年内打造百亿级的数控小镇。用好长合区金字招牌，积极承办 2024（第二届）长三角机床产业发展研讨会，为片区项目招引蓄势赋能。

聚焦产业提效，在转型升级上突破。紧盯规企培育，指导欢驰汽车、贝耐德管道、北亚机械等新建企业达规。做好高企、专精特新企业培育，提前谋划方冠刀库、新典机械、玖璋机床等重点数控项目培育。引导企业转型升级，实施技改提升，鼓励丰捷、创园等重点企业扩大优势产品规模。强化"亩均论英雄"，按照"严控增量、盘活存量、优化结构"的思路，加快园区闲置低效用地清理处置，挖掘存量资源潜力；利用"亩均英雄贷"项目，通过市场化手段推进低效土地更新盘活，加快产业用地更新升级。

聚焦要素保障，在产城融合上突破。加大征地拆迁攻坚行动力度，全力打好征迁硬仗，做到"项目建到哪里、征迁工作就先行推进到哪里"。根据重点区域划分，组建 5 个工作专班，密切配合，逐个突破，适时开展重点项目进场保障集中清零行动，确保落户重点项目及时净地进场。优化长合区宣州片区运营体制，深入推进"管委会+公司"改革，构建机构精干化、扁平化的管理体系，形成市场主导、政府支持的管理运营体制。加快长合区宣州片区启动区土地平整，为大项目用地做好净地储备；全面提升城镇功能定位及品位，推进邻里中心二期、高档商务酒店等重点配套设施建设，完善园区商服硬件；加快宣狸路全线提升工程建设，围绕"通""透"提升入境主干道品质感；谋划长合区起步区重要路网、水系联通项目，按照"满足功能、适度超前、优化布局"的原则，健全起步区配套设施。

聚焦营商环境，在服务效能上突破。着力打造"四最"营商环境，不断优化"五员"帮扶机制，通过现场办公会、政商恳谈会、企业家座谈会等政企沟通平台，着力解决企业发展、项目建设的痛点难点。积极对接帮办企业，主动靠前服务，当好"店小二"。以惠企便民为宗旨，持续深化"放管服"改革，推行"一窗受理、一网通办、一次办结"，让办事企业少跑腿、不跑腿，千方百计解决反映强烈的园区物流、子女入学等问题。聚焦企业核心需求，积极谋划推进园区水电气及生活配套设施项目，丰富企业员工业余娱乐配套。

彰显实干新作为　开辟发展新天地

锻造队伍，筑牢战斗堡垒。一是构建组织稳队伍。发挥基层组织战斗堡垒作用，开展村书记擂台大"比武"，激发书记比学赶超精气神。推进党员干部人才队伍建设，设置"党员示范岗"，划分"党员责任区"，充分发挥党员先锋模范作用。深入贯彻落实基层党建"四聚四强"提效攻坚行动，大力推进党建引领"多网合一"，"4+N"网格体系逐步优化，让基层党建工作引领基层治理同频共振、互促共进。二是建强培育年轻干部。依托"镇区合一"行政管理体制改革，党政班子成员与70名年轻干部结对指导，实行年轻干部清单化培养，明确培养靶心重点，多方面设置培训课程，实行"一人一档案"，以"挑战不可能"等揭榜挂帅行动打破"常规"。推出机关干部联系村民小组、党员干部联系农村党小组"两项"制度，让年轻干部真正走进群众中。选派符合条件的优秀年轻干部到上级部门跟岗锻炼、广德市新杭镇挂职锻炼。三是结对共建聚合力。以"追赶江浙、争先江淮"大讨论活动为契机，组建"村企对接"工作专班，党建指导员、联系干部、联企干部策划39家企业与13个村（社区）开展结对活动，探索村企共建机制。力争将13个村（社区）的美食美景打造成园区的"后花园"，将企业负责人引导成为助力乡村产业发展的"指导员"。

科学谋划，蓄积发展后劲。一是共谋产业发展。用好长合区宣州片区"金字招牌"，积极配合编制长三角（宣城）产业合作区总体规划和产业规划，优化产业布局，以做大做强主导产业为牵引，强化要素资源配置，大力推进无机新材料、装备制造两大主导产业转型升级。二是共谱民生画卷。以"和美乡村建设年"为抓手，稳步推进"皖苏新城·和美两湖"乡村振兴示范片区建设，大力实施"千村引领、万村升级"工程，重点培育打造蒋山村省级精品示范培育村。围绕农业产业优势，推动农业产业向规模化、绿色化、标准化、品牌化迈进，推进乡村全面振兴。大力发展文旅产业，围绕南漪湖做好农旅结合文章，结合新四军二支队红色底蕴，整合南姥咀、昆山湖、白马山庄、景域谷、宣州窑、龙溪塔等文旅资源，打造"红色故狸""追忆狸桥""休闲康养"等精品乡村游路线。

奋楫争先 再谱新篇

持续锚定项目为王。树牢"大抓项目、抓大项目"的鲜明导向，在推动高端数控机床产业发展、项目招大引强上持续发力。做到前期项目抓对接、保开工，在建项目抓进度、保节点，竣工项目抓配套、保投用，加快把项目建设的成效转化为增量产出，确保全年圣奎新材料、双马管件等30个项目开工，佳闻新材料、冷德节能等20个项目建成投产。

持续创新招引方式。聚焦主导产业发展方向，加快推进产业链招商、产业协会招商。承办好长三角（宣城）第二届数控机床研讨会，主动搭建行业交流平台，拓展招商渠道；紧盯创世纪机械等行业标杆企业，靶向招引一批头部企业和"专精特新"企业；按照"招龙头、铸链条、建集群"发展思路，用好《宣州区关于推动长合区宣州片区工业母机产业集群高质量发展的实施意见》专项扶持政策，打好数控机床特色产业牌，集聚龙门加工中心、高精度数控磨床、光机、刀库等数控机床上下游企业50家以上，形成数控产业闭环链，打造百亿级产业集群。

持续优化营商环境。坚持把帮扶企业、优化营商环境作为提质增效发展的重要保障，通过多种渠道、多种形式加大惠企政策的宣传，营造园区良好的营商环境。用心用情办理政商恳谈会等交办的企业"急难愁盼"问题，努力实现企业合理诉求全部办结、满意率持续提升。强化改革创新思维，以数字园区建设为抓手，持续深化"放管服"改革，扎实推动"一网通办""免申即享"服务；精简审批事项，优化服务流程，用实际行动为企业减负，提升服务效能，着力打造"最近江浙、最似江浙"的长三角一体化高质量发展服务应用场景。

持续打造和美乡村。践行绿色发展理念，大力发展绿色、低碳、循环经济，坚持问题导向，深入推进大气污染防治，巩固提升河湖"清四乱"成效，统筹推进山水林田综合治理。坚决开展"和美乡村建设年"活动，聚焦乡村五大振兴，实施"11228"工程，推动和美乡村建设由点及线、连线扩面，由表及里、塑形铸魂。全力实施宣狸路沿线改造提升工程，推进蒋山村和美乡村省级精品示范村建设，建成山湖更楼巷、慈溪上王省级中心村，培育卫东薛家、宝塔五里埂和美乡村省级中心村；结合新四军二支队红色底蕴，整合南姥咀、昆山湖、白马山庄、景域谷、宣州窑、龙溪塔等文旅资源，打造具有狸桥特色的和美乡村新画卷。

持续创新社会治理。不断深化"平安狸桥"建设，深入推广"握手言和"调解品牌，常态化开展"警民夜话"，聚焦网格管理和服务提升，织密乡村治理一张网，深化矛盾纠纷排查化解，推动社会治安综合治理精细化、智慧化。坚持领导开门接访、带案下访、积案息访，切实解决群众合理诉求。深入推进"八五"普法工作，常态化推进扫黑除恶斗争、打击防范邪教渗透、防电信诈骗等工作，坚决防范和打击各类违法犯罪活动，加强法治宣传教育，增强全民法治观念，推进法治狸桥建设。

繁昌区荻港镇：

千年古镇的涅槃重生

荻港镇，地处长江南岸，西与铜陵市毗邻，北与无为市隔江相望，拥有长江岸线 12 千米，镇域面积 84.8 平方千米，常住人口 2.24 万人。先后被确定为国家级综合改革试点镇、国家级小城镇建设试点镇、省级产业集群专业镇、全省扩权强镇试点镇、全省创建文明村镇工作先进镇、全国重点镇、安徽省第十一批"一村一品"香菜专业示范镇、安徽省经济发达镇行政体制改革试点镇。

千年古镇的"不破不立"

由于得天独厚的自然资源，20 世纪 80 年代，乡镇企业蓬勃发展，此后水泥建材产业一枝独大，汇聚了海螺、南方水泥等知名企业，伴随而生的矿山开采和建材加工为主的建材产业成为荻港主导产业。

然而，长期的非可持续性发展，导致其面临产业结构单一、所有制结构单一、经济增长乏力等一系列问题。水泥建材为代表的传统产业，不仅是能源结构上的高消耗、自然环境上的高污染、社会治理上的高风险，更是客观上的民心之痛，晴天是"灰港"、雨天是"泥港"成为荻港人民自嘲段子。而财政收入上的高依赖，则是主观上的断腕之痛。

君子弃瑕以拔才,壮士断腕以全质。转型迫在眉睫,但转型所经历的阵痛也是前所未有的。没有自我革新的勇气,就不会有脱胎换骨的新生。为实现产业转型升级,荻港镇下决心关闭部分矿山,退出了选矿企业5家,辖区内在生产矿业企业数量由2019年的11家减少至7家。

面对因关闭矿业企业逐年递减的财政收入,如何发展经济,如何解决群众就业,如何修复生态环境,成为摆在荻港党委政府面前的首要难题。

"青菜"带来的破题机遇

荻港香菜是一种佐饭的小菜,以"高杆白"为主要原料经过切、晒、洗、腌、冲、调等工艺制作而成,口感丰盈独特,其制作技艺被列入安徽省第六批非物质文化遗产名录。

作为荻港镇家乡的味道,荻港香菜从家家户户自己做自己吃,慢慢变为作坊式生产,衍生出了"老许香菜""甘氏香菜"等多个知名品牌,占据了芜湖市场上70%的份额并远销各地。

为扶持香菜产业发展,形成品牌,荻港镇政府拟定香菜产业发展扶持政策,推动香菜协会和相关部门制定了芜湖市首个立项的食品小作坊市级地方标准——《芜湖香菜小作坊生产加工规程》,对香菜(酱腌菜)生产加工场所、储运和销售、产品检验等方面作出详细规定。同时以市场为"引擎",一二三产联动发展。开拓电商销售渠道,目前在抖音、淘宝、京东、拼多多等平台上均有网店销售,浏览量上亿次。

为弘扬"荻港香菜"文化,荻港镇政府在荻港原岗窑粮站内,建设集非遗文化宣传和文旅特色驿站为一体的荻港香菜文化展示园。占地面积约13亩,投资估算900万元,拥有展示、观光、体验、检测、研发、电商直播多方面功能,一站式动态展示"荻港香菜"生产过程和非遗文化,构建"区域品牌+企业品牌+文化品牌"的"荻港香菜"品牌体系。以实现"菜业强、菜农富、菜乡美"为总目标,以荻港香菜供给侧结构性改革为发展主线,以打造荻港支柱产业为战略定位，荻港镇在镇区建设香菜产业园，实现全产业链融合发展、集聚现代生产要素、开辟新的增收路径，荻港镇香菜生产量由 2017 年的 150 多吨增加至 4500 多吨，形成荻港新"名片"。

绿水青山变金山银山

为彻底扭转开山炸石带来的生态环境问题，弥补历史旧账，荻港镇党委政府在区委区政府的坚强领导下，探索荻港片区生态环境导向的开发模式项目，以"绿水青山"转化为"金山银山"为路径，以长江岸线水生态系统综合提升+废弃矿山修复和关联产业开发为目标，实现产业转型发展，促进由资源依赖型向创新驱动型转变。

荻港镇先后赴马鞍山向山地区、南京市溧水区等 EOD 试点项目考察学习项目实施路径、资金平衡、投融资模式等方面的政策和经验，与省生态环境厅、生态环境部南京研究所、农发行等沟通对接，不断提高项目实施的科学性和精准性。参照先行地区经验做法，坚持政府主导、市场化运作方式，直接委托区属国有企业芜湖市临港绿色产业投资有限公司为实施主体，统筹负责投融资、项目建设和运维等相关工作。

在 EOD 政策理念下，积极寻求央（国）企在资本金支持以及产业导入方面的合作，对接中交路建、中建八局等 11 家央（国）企开展了 2 轮次对接沟通。同时，围绕 EOD 项目融资方案，与农发行、民生银行、徽商银行、扬子银行等 11 家区内外金融机构进行对接，意向授信超 40 亿元。

荻港片区 EOD 项目共包含 5 个子项目 14 个具体项目，其中环境治理类项目总投资 8.35 亿元，产业类项目总投资 29.34 亿元。

通过实施长江岸线综合水生态整治及生态绿廊建设、入江河道黄浒河水系综合整治，有序推进沿江岸线宜林还林、应绿尽绿，修复长江生态环境。实现区域从"污水荒山"到"绿水青山"再向"金山银山"的有效转化。通过把矿山环境恢复治理作为生态文明建设的突破口，坚持实施国土绿化行动，因地制宜恢复林草植被，强力推动矿山修复治理工作走深走实，提升国土绿化的"含绿量"和"含金量"。同时，以两山理论为发展理念，以寨山、大洞山、桃冲矿等采矿修复区、古城文化、乡村等为资源载体，以"生态扩能""乡村聚能""矿坑赋能"为抓手，合理植入研学、休闲、康养、度假、运动、美食、住宿等旅游元素，推动天然生态资源、乡村旅游资源、特色工业资源深度融合，延伸产业链，丰富旅游业态，完善旅游配套设施，真正地实现生态效益向社会效益、经济效益的有效转化。

歙县徽城镇：
踔厉打造高质量发展黄山"首善之镇"

徽城镇镇域总面积 65.05 平方千米，辖 13 个行政村、10 个社区，4.57 万户，10.45 万人，常住人口约 14.4 万人，为县政府驻地。2020 年被确定为安徽省经济发达镇行政管理体制改革试点镇。先后荣获"全国文明村镇""全国'扫黄打非'进基层示范标兵""全国法律援助先进集体（司法所）"等荣誉。2023 年，全镇财政收入 5.58 亿元，招商引资 4.75 亿元，固定资产投资 2.8 亿元，连续 4 年入选中部六省百强镇。

项目引领、产业赋能，奏响高质量发展强音

实施"经济发展大突破"行动，突出发展提速、效益提升，做大经济体量基本盘。强化项目攻坚。坚持资源向项目一线倾斜、干部向征拆前沿配备，年初对重点征迁项目进行梳理分析，确定工作专班，细化任务分解，实行挂图作战，严格落实项目要素会商和协调推进机制，清单化、闭环式破解难点、堵点，助力县域经济高速发展。全力招商引资。探索发展"五模式"招商（专班招商、外出招商、政策招商、以商引商、服务招商），启动"星火计划"，53 名镇村居干部赴长三角等先进地区体悟实训、双招双引，建立双向沟通机制，树牢"全员招

商"，并围绕装备制造、汽车电子、新材料等产业补链、延链、强链，用好杭州、宁波等商协会平台，招商引资硕果累累。推动产业发展。聚焦镇域特色农产品资源，扶持壮大新路村经果林、鲍川雾云间、南屏枇杷等产业基地，发挥"歙采缤纷"绿色农产品区域公用品牌及"问政山笋""歙县珠兰花茶""三潭枇杷"等3大国家地理标志农产品优势，加大地方龙头企业合作，持续壮大特色产业。围绕县政府打造产业集聚示范新区工作部署，支持传统产业转型升级，积极开展"新安夜话"，助推"歙企无忧"品牌建设，规上企业总产值达 29.28 亿元。突出文旅融合，利用新安江、皖浙 1 号风景道沿线区位优势，通过国企平台收储、市场主体自主运营、村集体投资入股、乡村创客+政策扶持等多元经营模式，盘活闲置农房，建成渔梁、南屏、河西等 3 个沿江民宿带，其中 4 家获评"皖美金牌民宿"。

以点带面、系统推进，城乡建设提效增能

实施"和美乡村建设行动"，聚焦"兴业、景美、民富"，不断提升城乡品质。突出规划引领。树立"点上有风韵、线上有风光、面上有风景"的理念，把全镇作为一个大景区来通盘考虑，加快 13 个村规划编制，构建"以问政、南屏为点，皖浙 1 号风景道为线，13 个村为面"的框架，依托徽文化、徽州古城的影响力，打包整合镇域旅游资源，打造古城至问政山、渔梁至南屏水陆 2 条精品线路，深挖徽墨、歙砚、剪纸、竹编等非遗特色，打造渔梁省级特色美食村、南屏微露营，举办练江新夜市音乐节、南屏写生艺术节、水墨南屏·桨动新安江等活动，推动乡村可持续发展。突出项目建设。深化全域五微创建，基础设施、环境整治、产业发展一体推进，高标准推动问政村、南屏村 2 个省级和美乡村精品示范村建设，采取"国企+强村公司"模式推动村庄运营，大梅口村入选第二批"最江南"长三角乡村文化传承创新典型案例。紧盯村级发展，落实"一村一策"，以"党建+信用"模式带动股份经济合作社参与市场经营，2023 年度农村产权交易额超 865 万元。突出协调发展。深入实施打造"全国最干净城市"行

动，秉持城乡互促、协调联动，主动服务县域发展，争当打造全国最干净城市、最美丽乡村、最美风景线主力军。文明创建拉高标杆，加快城区老旧小区基础设施改造提升；乡村建设对标提升，举办"环境整治焕新颜擂台赛"，以赛比先进、找差距、补短板，城乡面貌日益更新。

安全至上、创新赋能，基层民生提质扩面

实施"基层治理大提升"行动，突出实事落地、生态改善、安全保障，让民生福祉更有品质。生态保护有效落实。以"林长制""河长制""田长制"为抓手，开展"突出生态环境问题大排查、大整治、大提升行动"，加大水污染治理，茶园病虫害绿色防控全面完成，全力助推国家生态文明建设示范区与第六批"两山"实践创新基地成功创建。基层治理用情用力。积极推动"党建+基层微网格"在渔梁、丰乐2个社区先行先试，构建"社区—网格—楼栋"三级网格架构，完成微网格长、楼栋长（街巷长）选聘，搭建可视化平台，推行"15880"工作法，试点经验在全县推广；深入挖掘三眼井、问政等治理因子，打造丰乐"唱晚"、"港湾"新安、清风问政等治理品牌，"八眼井"调解法获评市"枫桥式工作法"，渔梁社区"共治善治"典型做法获中组部推广；实行"1+1+1"每日接访机制，"驻村夜访"向"驻村遍访"挺进，强化源头治理，切实把矛盾纠纷化解在萌芽状态。民生福祉持续增进。坚持以人民为中心的发展思想，夯实民生基础保障，提升民生服务水平，民生工程和暖民心行动扎实推进，深入开展"幸福来敲门"行动，小型服装加工厂、烟花爆竹、液化气经营店等重点领域风险排查、隐患整治持续深入，重点水域落实网格包保，警示标牌、救援设备保障到位，青少年防溺水责任压紧压实。镇为民服务中心医保窗口获评省级医疗保障服务窗口示范点，丰乐社区获评"全国示范性老年友好型社区"。

深耕山水、振兴乡村，为民谋得更大福祉

项目产业并进、全力以赴拼经济，做大发展体量基本盘。突出项目牵引、招商聚能、产业驱动，实施"经济发展提速年"行动，让发展实绩更有厚度。攻项目提动能。常态化开展"重点项目建设攻坚年"行动，狠抓征地拆迁，落实专班推进，责任到人，形成大抓征迁浓厚氛围，重点做好县域重点项目要素保障，攻克项目堵点。协调推动低效用地处置，对上争取项目资金、土地指标，快速实施城区路网改造提升等基础设施类项目，以有效投入拉动经济增长。抓招商提势能。深刻把握大黄山建设的最大机遇、最大动能、最大红利，主动靠上去、精准接上去、全力融进去，接续实施"星火计划"，组织干部外出体悟实训、增长本领，出台招商引资奖励考核办法，明确招商重点和主攻方向，聚焦机械电子、新材料、休闲康养等领域，鼓励镇村居干部齐力招商，以任务指标倒逼责任落实，全力招大引强，力争总投资超 10 亿元。强工业提效能。牢牢把握实体经济这个根本，放大城关镇区位优势，发挥工业经济主导作用，加快镇域传统产业转型升级、迭代更新，落实班子成员联系服务企业制度，用好"新安夜话"载体，建立企业诉求回应机制，力争规上工业企业、战新企业数量稳步增长。

建设发展并重、全面发力促振兴，绘就新安山居"大画卷"。突出建设夯基、巩固提升、发展融合，实施"乡村振兴提效年"行动，让乡村底板更有成色。抓建设升颜值。深化全域"五微示范村"创建，以"一山一水一线"串点成线、连线成面，植入运营前置理念，做好村庄规划编制调整，深化美丽乡村建设和人居环境整治，提升村庄颜值。高标准建设问政村、南屏村 2 个省级精品示范村，进一步微改精提，引进"问政睡眠村落""南屏文旅度假村"项目，打造问政三花展示馆、南屏茶园文旅景区；采取合作社自主运营、国企平台打包运营等模式，让村庄实质化运营起来。抓巩固稳根本。巩固拓展脱贫攻坚成果同乡村振兴的有效衔接，推深做实网格化管理，落实脱贫人口动态监测，做好重点人群的帮扶救助，加大产业、就业等扶持力度，保持脱贫人口收入稳步提升。抓产业

促振兴。依托竹茶花果等特色产业，重点培育打造就田旺村珠兰花、承旧岭国兰文旅等产业基地；发挥"问政贡笋""珠兰花"等国家地理标志品牌优势，注册产品商标，实行统购统销；以集体建设用地入市为示范，加大镇域"村集体建设存量用地"摸底登记、定向招引，实现城乡共融、共富同行；深耕文旅融合，打造沿江一批精品民宿、开发沿山一片旅游线路，布局研学、康养等一批文旅业态，重点推进鲍家庄历史文化街区、承旧岭传统村落保护利用，并依托徽文化·大地艺术季，办好问政贡笋节等系列活动，推动文旅产业提质升级。

民计民生并行、全心全意惠民生，奏好人民满意"幸福曲"。突出实事落地、生态改善、安全保障，实施"民生幸福提质年"行动，让民生福祉更有品质。保民生暖民心。接续实施民生实事，常态开展"幸福来敲门"行动，认真做好"民生呼应"和12345热线办理。千方百计稳定扩大就业，完善"三公里"就业圈、充分就业社区建设，落实重点人群就业扶持政策，推动城镇就业人口稳步新增。加大对社会弱势群体的关心关爱，不断完善低保、五保、残疾人补助等服务体系，高效运营南源口敬老院，推动三孩生育政策落地见效。不断提升生活品质，加快城区基础设施提升，巩固全国文明城市和国家卫生县城创建成果，妥善解决道路、饮水等民生问题，提高人民群众幸福感获得感安全感。美环境优生态。强化高品质生态环境支撑高质量发展，以习近平生态文明思想为统揽，深入践行"两山"理念，坚持山水林田湖草沙一体化保护和系统治理，加快推进图斑整改，打击违法建设，坚决防止非农化、非粮化，加大新安江流域环境治理，坚持水岸同治，实施浦口EOD城郊雨污水徽城片管网提升工程，坚决守住浦口断面水质达标底线，开展茶园病虫害绿色防控、松林松材线虫病防治，统筹推进秸秆禁烧、养殖退养。优网格促治理。全面铺开"党建+基层微网格"，树立"全周期治理"思维，紧盯前期顶层设计，强化网格运行监测、考核评价，规范队伍建设、体制建立，畅通流程溯源、闭环管理，持续提升网格治理效能。紧扣中期治理主体，依托"歙事井然"、户主会、道德讲坛，集合多方智慧参与治理。紧抓后期解决落实，明确工作重点，细化任务举措，从严从快处置，营造安全稳定的社会环境。

谯城区十八里镇：
中药产业助力镇域经济腾飞

> 十八里镇地处皖豫交界处，是道教"希夷先生"陈抟的故里、华佗"五禽戏"发扬光大之地。总面积114平方千米，耕地面积8.2万亩，人口10.7万人，辖8个村和7个社区。先后被授予安徽省发展改革试点镇、安徽省环境优美乡镇、安徽省扩权强镇试点镇、安徽省产业集群专业镇、安徽省优秀旅游乡镇、全国乡镇企业科技园区、全国文明村镇、全国农产品加工业示范基地、全国重点镇、全国生态镇等荣誉。

一方药圃长出"千亿药都"

从神医华佗辟下第一方药圃，一缕药香穿越千年亳州。

时至今日，中医药已成为亳州最具辨识度的金字招牌。该市"百万药农、十万药商、千家药企"的发展态势愈发强劲，"世界中医药之都、全国中医药产业高地、中医药进入国际市场的'桥头堡'"的建设路径更加清晰。十八里镇乘势而上，建强国家级农业科技示范园区、国家级中药材质量安全示范区、省级现代农业综合开发中药材种植示范区等载体，实现中医药产业蓬勃发展。

由"家庭作坊"到中药企业的集聚助力中药产业做大做强。自东汉末年神医华佗开辟第一片药铺以来，亳州人民一直广泛种植中药材，并从事药材加工、炮制和经营，经久不衰。十八里镇距离亳州药材市场很近，自古以来就有种植、加工、销售中药材的传统，主要集中在紧靠市区的几个村，主要特点为粗放型种植、作坊式加工、摊位式销售。2003年"非典"过后，中药材市场开始整顿，中药材规范化生产势在必行。2005年，亳州中药材经营大户、十八里镇本土药商李素亮审时度势，在十八里镇工业园区率先筹建安徽协和成药业有限公司，占地58亩，建设标准化生产车间，按照中药材GMP标准进行生产。目前，安徽协和成药业有限公司集中药材种植、研发、加工、进出口于一体的现代化中药企业。农业产业化"省级龙头企业"、全国中药材饮片出口十强企业，产品远销海内外。随后，亳州市中正药业有限公司、亳州市慈济堂中药饮片有限公司等一批中药企业先后在十八里镇工业园区落户建厂。2023年，全镇规模以上中药饮片加工及销售企业16家，产值达22.9亿元。

由传统分散种植到规范化种植的转型助力中药材品质提升。"药材好，药才好。"优质、道地中药材是中药产业高质量发展的重要保障。2010年，十八里镇利用国家项目资金建设现代农业综合开发示范区，总投资3.6亿元。示范区内路、沟、桥、涵、井等基础设施配套齐全。2022年，又对示范区内9000亩高标准农田进行了改造升级，做到了"涝可排、旱可浇"，逐步实现朝智慧农业方向发展。目前已有25家药业企业及药材种植合作社进入示范区，流转土地1.6万亩，建立了中药材GAP规范化种植基地。采取"企业+基地+农户"模式，以农业产业化龙头企业带动，形成"产、加、销"一条龙的产业链。带动农民按照中药材GAP标准化、规模化种植，提升中药材品质。目前，全镇中药材种植面积达2.4万亩，主要以白芍、牡丹、菊花、白术、白芷、丹参、玄参、桔梗、何首乌等为主。企业用工、种植基地务工及药材初加工用工等带动农民就业达8000余人，人均年增收1.2万元。

由芍药花到"亳药花海"的"蜕变"助力"农文旅融合"经济发展。从2017年开始，十八里镇配合市区参与"亳药花海"休闲观光大世界建设。2022年谯城区出台了《亳药花海中药材规范化种植奖补实施方案》，市、区政府每年列支财政专项资金4000万元支持亳药花海规范化种植中药材，扶持资金的持续投入，成为中药材产业健康可持续发展的"助推器"，有效推动了中药材产业化水平的提升。2022年成功申报省级谯城区十八里现代农业产业园。十八里镇依托现代农业示范区核心区5000亩芍药种植基地形成的"亳药花海"，于2014年开始举办"中国亳州芍花节"，积极发展农文旅融合经济，带动农民增收致富。依托亳药花海休闲观光大世界，突出特色，打造亮点，建设了华佗百药园、植物科普园、齐庄生态园、西苑采摘园等一批小游园和柴洼、腰王、怀楼等民俗村，形成了串点成线、以线带面的乡村精品旅游线路。2024年累计接待游客20余万人次，成为亳州谯城农文旅融合发展的"亮丽名片"。积极拓展延伸中药产业链条，挖掘中药养生文化，推进中药材多元化发展。依托谯城区花茶产业基地，积极发展花茶、药膳、中药调味品、中药饮品等中药材大健康产业。"亳菊"被列入2023年全国"土特产"推介名单。目前，全镇菊花种植面积达6000亩，已形成以菊花为核心的药材、花茶、饮品、旅游等产业集聚效应。

由"上门找"到"进企办"服务方式的优化转变加速中药产业集群镇的形成。十八里镇每年春节期间均召开企业负责人参加的"为企业优环境座谈会"，"面对面"倾听企业反映诉求，十八里镇"四送一服"办公室将企业反映问题进行"台账式"管理，定期销号，帮助企业解决"急难愁盼"问题。镇党政主要负责人亲自过问企业反映问题，深入企业了解情况，找准症结，想方设法解决问题。镇班子成员定期走访所包企业，问计于企，问需于企。紧盯谯城区政府为企服务"13710"工作平台，全年办理上级交办的涉企事项93条，其中企业早餐会反映诉求29件。累计召开企业座谈会8次，收集解决问题16个，彻底解决亳州中正药业遗留18年的土地纠纷问题。

逐"新"探路 驰而不息推动中医药高质量发展

十八里镇将按照"工业强镇、产业富镇、文旅兴镇、生态优镇"的发展思路，把中药产业当作"强镇富民"的重要支柱来抓。对标亳州市委提出来的打造"世界中医药之都"的目标，加快中药产业的发展。

积极培育产业龙头企业。以安徽协和成药业、亳州市中正药业、亳州市慈济堂药业等药业企业为主，进一步优化营商环境，为企业搞好各项服务，做大做强中药企业。2023 年，全镇规模以上中药饮片加工及销售企业 16 家，产值达 22.9 亿元。

高标准打造现代农业综合开发示范区。利用高标准农田改造资金，新增 3 个村 1.5 万亩高标准农田项目。进一步对现代农业示范区相关基础设施进行完善升级。完善桥、井、路、涵、电等基础设施，做到排灌设施自动化，农情监测智能化。围绕药材产业继续加强基础设施建设，2 年来，十八里镇利用乡村振兴衔接项目资金建设烘干房 1 栋、冷库 4 栋、标准化厂房 3 栋，为中药产业发展积蓄"动能"。

加快土地流转推进药材种植规模化。依托龙头企业带动作用，继续加大开展土地流转，培育药材种植大户。进行中药材 GAP 规范化种植，实现"药材好、药才好"的目标。各村继续发挥劳务服务公司的作用，为企业用工提供优质的服务。以"基地+地租+务工"模式带动群众"家门口"就业，增加收入，促进乡村振兴。

依托中药资源发展农文旅融合经济。依托"亳药花海"休闲观光大世界，继续举办"芍花节"。突出特色，打造亮点，继续发挥华佗百药园、十八里镇植物科普园、齐庄生态园、西苑生态采摘园等小游园的功能，完善提升柴洼、腰王、怀楼等民俗村内外环境，形成串点成线、以线带面的乡村精品旅游线路。让"亳药花海"景点成为亳州谯城农文旅融合发展的"亮丽名片"。

裕安区苏埠镇：
继古开今谋振兴，红色沃土起"新城"

苏埠镇，地处裕安区南部，东邻城南镇，东南接青山乡，辖区面积70平方千米，户籍人口7.75万。革命老区如何蜕变成新时代高质量发展的"新城"，六安市苏埠镇给了我们答案。蜕变的背后，是一个个的生动实践，更是苏埠对"根"与"魂"的坚守。

一张名片：红色苏埠生机勃勃

"青山环碧水，绿树映红楼；风来麻舞掌，日至麦垂钩。"这里是江淮地区的"生命之源""小康之源""发展之源"和"幸福之源"。忆往昔红色岁月，观今日山川芳华。这里是大别山精神的发源地，也是中国革命的重要策源地。

作为中国历史文化名镇，苏埠有省保3处、市保2处、区保6处、文物点若干。苏家埠战役旧址（遗址）群：目前已确认的苏家埠战役旧址（遗址）共有12处、其他红色资源14处，被称为"一座没有围墙的革命历史博物馆"。红色资源是苏埠的宝藏和优势，把文化软实力变成产业发展硬实力，是苏埠转型发展的关键一环。

近年来，苏埠坚持"生态优先、绿色发展"的广泛共识，多措并举保持山水生态的原真性和完整性，让苏埠更加宁静、和谐、美丽。擦亮发展的温暖底色，需要始终坚持"以人为本"，兜牢民生底线。行走在乡间，青山绿水红土地，处处洋溢着浓浓的烟火味，水晶包、挂面、豆腐等传统优势产业得到发展壮大。全镇以"千村引领、万村升级"为主抓手，将乡村振兴与农村人居环境整治、扫黑除恶、基层党组织建设等有机结合，通过"板凳会"等形式入户宣传各项惠民政策。常态化开展文明创建工作，镇容镇貌、乡风文明焕然一新，一个具有皖西风韵的宜居宜业和美乡村正在快速崛起。

红色旅游吸引人，红色精神感染人，融合产业留住人。苏埠镇紧紧围绕"绿水湿地畔，红色苏家埠"主题，着力打造以红色旅游、绿色旅游和古色旅游为主的"三色旅游"新模式，进一步推动乡村旅游业转型升级，带动了200余名群众就业，人均增收500余元。围绕历史背景打造"红色旅游"。搜集整理红色史料，组织镇文化站、组织办、村居书记等梳理掌握镇域范围内可利用的红色旅游资源7处；制作红色旅游地图，开发一条集苏家埠战役纪念馆、淠史杭水利工程展览馆、大寺庵农民夜校、周狷之烈士墓等多个景点为一体的红色旅游精品线路；制作红色作品，书写红色故事、创作群口快板、编写戏剧作品等6个，培养25名红色文化讲解员，传承红色基因。

传承民俗特色，打造"古色旅游"。制定苏埠明清老街保护性开发规划，将刘铭传当铺旧址等3处登记不可移动文物和尹家茶馆旧址、仁和堂药店旧址等38处历史建筑纳入修缮规划。积极申报上级项目，2024年投资500万元对老街的白麻会所及周边基础设施进行修缮提升，致力于保留古徽州民居建筑，维护千年老街风貌。通过"红色旅游+"模式，苏埠红色旅游融合发展业态更加丰富、效益更加凸显、示范带动作用更加突出。

一座"新城"：激活高质量发展动能

近年来，苏埠镇立足悠久历史文化、厚重工业基础与良好生态环境，向"新"而行，蹄疾步稳，不断夯实制造业"存量"优势，增强"向新"发展动力，放大产业集聚"磁力"，为新时代高质量发展不断蓄力赋能。进入新时代，苏埠扭住创新"牛鼻子"，工业经济活力和核心竞争优势持续攀升。目前，苏埠已形成以戚桥工业、南楼创业和渔网具产业集群三大工业集中区，以渔网具加工贸易见长，全镇工业企业 120 余家，规模企业 10 多家，先进制造业正在有力支撑引领苏埠经济高质量发展。现有绳网加工龙头企业 4 家，形成了产、供、销一体化的绳网产业集群，并申报"六安绳网"国家品牌，是全市乃至全省唯一的聚乙烯绳网生产专业基地，是全国较大的聚乙烯绳网生产专业基地，绳网总产值占据全国聚乙烯绳网市场份额的 10% 左右。

健全服务体系。建立包保走访制度，开展月度走访帮扶，每月收集办结反映问题 10 余条。积极牵头 2 家银行向市、区两级协调申请优惠贷款政策，帮助过桥贷款 2000 余万元，解决流动资金不足问题。建立安全服务制度，开展安全生产知识宣传活动 5 次，筑牢员工安全防范意识。

推动自主研发。邀请 3 名绳网行业技术专家指导各类绳网机械升级改造 200 余台，深入宣传解析工业技改及科技创新税收优惠政策。加大自主研发力度，今年以来共投入技术改造 1000 余万元，科技研发近 100 万元，成立自主研发机构企业 3 家，成功申报获批省专精特新企业 1 家。注重研发成果运用，将绳网产品由原来单一渔网具逐步拓展到防护网、防尘网、运输网、农用网、体育网、休闲网等多领域，增强竞争力。

发挥龙头作用。成立六安市渔网具行业协会，形成以沪渔网具、道山网业、银鱼网业等企业为核心的绳网产业集群，延伸产供销于一体的产业链条。申报"六安绳网"集体商标并获国家知识产权局批准成功注册，2023 年 8 月起正式启用。做好新业态电商结合文章，支持龙头企业线上销售，目前共 3 家绳网企业涉足网络销售领域，2 家企业线上年销售收入突破 100 万元，线上销售额逐年攀升。

一份传承：大别山精神的赓续接力

红色文化是苏埠老区的"根"和"魂"，是宝贵的精神财富。苏埠正以"弘扬大别山精神，共建创新苏埠"为主线，不断加大革命文物保护利用力度，让红色基因薪火相传，让革命精神生生不息。沿着历史的足迹眺望，烽火硝烟早已逝去，曾经"山穷水远路闭塞"的革命老区焕发出新的活力；传统产业转型升级，新材料、新型建材、食品精深加工等重点项目投产达效，红旅、农旅融合成果丰硕……这份亮眼的"成绩单"，是苏埠干部对"根"和"魂"的坚守，是笃行实干的责任担当，是太行精神的赓续传承。

苏埠镇将坚持以党建引领为保障，全面贯彻新发展理念，融入新发展格局，进一步挖掘苏埠镇红色、绿色、古色资源，奋力谱写现代化美好苏埠建设崭新篇章。

持续深化党的建设。系统挖掘苏家埠战役红色资源，推动孙湾、横排头、老街红色教育基地连点成线。以基层党组织"组织力"提升为主要抓手，落实村级集体经济发展三年计划，强化基层组织战斗堡垒作用。

不断提升发展质效。抢抓合肥都市圈、长三角一体化等发展机遇，争取 G35 高速连接线互通项目落地，提升苏埠区位和交通优势，做大做强农旅融合和优势商贸。培育发展蔬菜、皖西白鹅、水产三大特色农业产业。稳步提升绳网、麻纺、服装等生产质效，优先培育一批优质工业企业纳规升限。稳步打造苏埠明清老街、"苏埠镇茶谷商贸综合体"、横排头康养基地，积极争取"绿道滨水乡村旅游带"农旅项目，与横排头景区串点成线，实现旅游产业提档升级。

有效改善民生福祉。持续做好"十大暖民心"工程，改造盘活"黄连市民文化广场"项目，丰富全镇文体活动设施。整改全镇主干道安全隐患，降低交通事故发生率，落实横杨内河中下游段黑臭水体治理，扩大老年食堂范围，全面增强群众幸福感满意度。

健全完善基层治理体系，构建共建善治的基层治理格局。全面筑牢思想防线。认真履行从严治党主体责任，全面落实新时代党的建设总要求，着力锻造高素质干部队伍，综合运用"四种形态"，强化日常管理和监督，抓好正风肃纪。贯彻执行好民主集中制，提升决策科学化水平。狠抓"躺平"干部整顿，紧盯"小微权力"，坚决治理"微腐败"，真正做到为改革护航、为干部赋能、为发展"松绑"，推进苏埠各项工作再上新台阶。

灵璧县杨疃镇:
"以人兴产、以产聚人"的乡村振兴样本

杨疃镇,地处灵璧县产业发展核心区,总面积 157 平方千米,耕地面积 18 万亩,辖 16 个行政村,常住人口 6 万人。杨疃镇在乡土中国版图上本是一个名不见经传的传统农业乡镇,产业没有特色,经济相对落后。近年来,却无中生有走出一条"以人兴产、以产聚人"的乡村产业发展之路,为皖北农业振兴提供了一个鲜活的参考样本。

产业如何从无到有

2022 年,杨疃镇获评全国农业特色产业强镇,"灵璧双孢菇"入选全国名特优新农产品名录,年产食用菌 1.65 万吨,产值 1.2 亿元,带动 2000 余名农民就业,人均年增收 2.4 万元。2024 年 1 月,杨疃镇获批第六批省级现代农业产业园。同时,集体经济快速发展,2023 年村均集体经营性收入 80.56 万元,与上年相比增幅达 15.8%,其中食用菌产业贡献率约为 40%。

杨疃镇蘑菇产业究竟是如何成长起来的? 一定程度上来说,杨疃镇的蘑菇产业是被逼出来的。

2016 年前后,秸秆禁烧形势严峻。杨疃镇作为农业大镇,压力巨大。秸秆如何处理,成为令乡村干部十分头疼的难题。镇干部发现,河南、上海等地竟然主动过来收购秸秆。他们买去做什么? 镇干部顺藤摸瓜,跟着收购商过去才知

道，原来他们拿去种植双孢菇。

蘑菇分为木腐菌和草腐菌，不同品种蘑菇种植需要不同的基料。草菇要用树枝、木屑，平菇需要玉米芯，而小麦秸秆做成的基料适宜种双孢菇。

为解决秸秆处理难题、带动农民增收，杨疃镇积极引入双孢菇种植。一开始技术比较原始，种植大棚是简易的竹竿棚，基料是用秸秆、鸡粪、牛粪人工搅拌发酵而成。虽然能挣到一些钱，但老百姓很辛苦，特别是炎热夏季基料发酵时又脏又臭。乡村干部看在眼里，急在心头。

为改变这种状况，镇干部四处寻找现代化种植技术，终于打听到上海、江苏有2家双孢菇种植龙头企业。当他们想去考察学习时，却遭遇了"闭门羹"。出于技术保密等原因，对方根本不接待。想把企业招引过来，对方也不感兴趣。

多次碰壁之后，镇干部痛下决心、转换思路，决定筑巢引凤，先把现代化菇房建起来，谋划打造自己的龙头企业和示范项目。但建菇房的技术设备从哪里来？几经周折，2020年终于找到食用菌厂房建造专家——众兴菌业的青年才俊石亚煜和李标，请他们来帮助建设现代化菇房。他们身为"圈内人"，人脉资源广，年富力强，有干事创业理想，也为当地干部锲而不舍的精神所感动，到杨疃镇投资设立中煜生物科技公司，很快成长为当地的"链主"企业。

在项目谋划推进过程中，杨疃镇党委书记、镇长、人大主席3人发挥了重要作用，被当地干部群众亲切地称为"蘑菇三剑客"。3人心往一处想、劲往一处使，从种植技术到设备、厂房、流水线等，一点一点钻研，干就干到最好。

2021年，杨疃镇双孢菇生产基地项目顺利开工建设，迈出了食用菌产业化关键一步。项目一期工程2022年投产，二期工程和深加工工厂于2023年10月完工。

"钱和地"从哪里来

产业发展首先要有"人地钱"。"人"有了，"钱"和"地"从哪里来？杨疃镇不等不靠，吃透用活政策，推动项目迅速落地。

2021年，杨疃镇争取到中央专项彩票公益金支持革命老区乡村振兴项目资金 5000 万元，加上县里配套的 3000 万元，全部用于双孢菇生产基地一期项目。杨疃镇目标是引进荷兰先进设施和智能温控技术，建设国内领先的工厂化双孢菇生产基地，三期项目预算共 3.3 亿元。这 8000 万元远远不够，不足资金怎么办?

杨疃镇创新思路，想用 8000 万元财政配套资本金申请银行贷款，却遇到了政策障碍。财政直达资金能不能作为财政配套资本金来申请银行贷款? 这一点连财政部都没有给出明确答复。在这种情况下，杨疃镇、灵璧县委县政府，以及当地农发行担当作为。在他们看来，法无禁止皆可为，只要不违法违规，就大胆尝试!

"钱"的问题解决了，接下来还有"地"的问题。杨疃镇双孢菇生产基地项目占地 360 余亩，其中 110 亩左右建设用地，其余 250 亩都是设施农业用地。但蘑菇生产厂房算不算设施农业用地，这方面也没有明确规定。杨疃镇找到主管部门有关文件依据: 智能温控大棚属于设施农业用地。灵璧县委县政府果断拍板: 蘑菇生产厂房就是智能温控大棚，没有问题，大胆干!

外省一位县委书记考察学习后很感慨:"灵璧都能批设施农业用地，怎么到我们那里就不能?"

随着食用菌产业快速发展，土地需求越来越大。灵璧县明确支持杨疃镇: 村里解决不了，镇里来协调; 镇里解决不了的，县里来解决。县级层面着手制定食用菌产业发展专项规划，统筹协调项目用地问题。

灵璧县反映，2023 年安徽省委一号文件提出要培育壮大食用菌产业，产量增长 20%，给了基层干部极大信心，但由于耕地保护任务重，农业设施用地保障越来越困难，希望将灵璧县纳入全省集体建设用地入市试点。另外，设施农业的用水、用电等要素保障问题，基层也很难协调，需要上级部门在政策上给予扶持和保障。

"傻瓜式种植"怎么做到

杨疃镇食用菌产业得以快速发展，关键在于掌握了双孢菇种植核心技术环节——基料和大棚。

通过引进消化吸收，杨疃镇掌握了最先进的二三次发酵技术和智能温控大棚建造技术。双孢菇生产基地建设的 33 条二三次基料发酵隧道，是目前国际上体量最大、技术最先进的。生产的基料不仅品质好，价格也仅为进口基料的一半左右。好的基料难得，不仅国内种植企业有大量需求，还可以出口到国外。同时，基地还能提供智能温控大棚的全套设备和技术，做到"交钥匙工程"。

有了先进的基料和智能温控大棚，农民可以很容易地种植双孢菇，且双孢菇品质大幅提升，供不应求。项目还起到了令人意想不到的产业聚集效应。自 2022 年投产以来，先后有上海勤鑫（双孢菇空调制冷系统供应商）、浙江蘑风（双孢菇堆肥设备供应商）、南京奥森包装（双孢菇包材供应商）等一批上下游配套企业前来洽谈投资建厂。同时，还吸引福建罐头加工厂原料提供商、出口巴西双孢菇原料供应商常年收购工厂及周边农户蘑菇。

目前，总投资达 2600 万元的安徽蕈苑生物科技公司菌种场项目已建成投产；山东信德科技公司投资 9000 万元建成 5 个商品有机肥厂，利用食用菌菌渣生产有机肥，实现从设备源头、菌种生产、菌菇种植、加工销售到末端消纳一体化全链条闭环发展。

2023 年以来，不仅国内很多地方纷纷到灵璧考察学习，亚美尼亚种植蘑菇的企业也慕名而来，希望购买双孢菇生产基料和全套技术设备，巴西生产蘑菇罐头的企业也有意来投资建厂。

农业也是高科技产业，只有抓住科技源头，才能成为产业发展的高地。正是因为掌握了核心技术，杨疃镇食用菌产业才得以快速集聚发展。

分散的农户如何组织

乡村产业发展，农民是主体。刚开始，由于投资大、不了解，农民不敢干。怎么办？党员干部带头干，发动群众一起干！

杨疃镇以乡村振兴示范区建设为抓手，积极推动党支部领办合作社、村企共建等，共领办农业生产类、产业经营类、劳务服务类等功能型合作社 16 个。通过"党支部+合作社+农户"等模式，把支部建在产业链上，食用菌产业链党建联盟覆盖杨疃镇 16 个村党组织。

只有亲自下海才能学会游泳。党支部领办合作社，首先要把村干部培养为食用菌产业致富带头人，让他们先"下海游泳"。同时，把食用菌产业致富带头人培养成为村干部，更好地发挥示范带头作用。目前，杨疃镇村"两委"成员中食用菌产业致富带头人占总人数的 42%。

水不激不跃，人不激不奋。杨疃镇落实《灵璧县发展壮大村级集体经济激励实施细则》，设立"增量奖""突破奖""创新奖"，允许符合条件的村每年拿出集体经营性收入增量的 10% ~ 30%，对村干部进行奖励。发展集体经济贡献突出的村干部作为"两代表一委员""两优一先"及各类表彰对象优先推荐。在党建引领和政策激励下，村干部主动外出学技术、跑市场，当标杆、做示范，干事创业激情高涨。比如，邱庙村 8 个村干部中，有 4 人参与食用菌市场开拓工作；一里王村书记既到福建漳州跑市场，又去河南请专家，想方设法发展本村产业。

村看村、户看户，群众看干部。为激发农民参与热情，杨疃镇组织干部群众开展"乡村夜话"，面对面讲政策、说想法、谈发展，做到"大家事、大家说、大家定"，群众智慧和意见诉求充分吸纳，种植户生产原料短缺、资金匮乏等困难及时解决，让农民真正成为产业振兴的参与者、受益者。

如今，小小食用菌已成为当地"幸福产业"，为一方百姓撑起增收的"致富伞"。

人才"痛点"怎么破

乡村振兴，靠的是人才。皖北地区人口多但人才缺，如何破解人才短缺难题？杨疃镇坚持"不求所有，但为所用"，招引科技精英，培育乡土人才，用好现有人才，实现"以人兴产、以产聚人"。

为充分发挥荷兰技术设备效能，杨疃镇顶住压力，支持刚起步的中煜生物科技公司，高薪聘请 2 位荷兰顶尖技术专家当指导，对企业进行"把脉问诊"，着重解决技术难点。同时，聘请上海农科院食用菌所资深专家黄建春研究员当顾问，为产业发展出谋划策。

招才引智只为激活"一池春水"，乡土人才才是产业发展壮大的主力军。杨疃镇通过系统培养本土"菌专家"，让乡土人才支撑未来食用菌产业大发展。

杨疃镇先后与合工大、安农大、上海农科院、安徽省农科院等机构合作建立"产学研"基地，订单式开展人才培训和孵化。同时，"就地取才"，在食用菌种植户中摸排有技术特长的青年，纳入镇食用菌"土专家"人才库，并选派去江苏等地考察学习，到灵璧高级职业技术学校与合工大联合设立的"食用菌产业学院"进修学习，提升技术水平。挖掘食用菌行业典型事迹，为群众提供可以学习借鉴的身边"活教材"。

目前，杨疃镇已开展食用菌技术培训、交流 65 场，为"新农人"充电蓄能，受训群众达 720 人次，成功挖掘食用菌"土专家"17 人、"农创客"20 人。

为把人才用好，杨疃镇重点优化用才"软环境"。从资金、项目、用地等方面对"土专家""农创客"予以支持，让乡土人才在实干中练就真本领。同时，推动行业交流，成立食用菌协会和技术员联盟，定期开展技术和业务交流，举办"削蘑菇"、食用菌烹饪等特色赛事，让乡土人才从"幕后"走到"台前"大显身手。

持续释放乡村振兴大"蘑"力

推动产业提档升级。杨疃镇将紧紧围绕杨疃镇乡村振兴示范区食用菌特色产业加大配套基础设施等建设力度，推动仓储、精深加工、运输等全产业链条保障能力提升，不断提升食用菌产业良性可持续发展。进一步加大对传统食用菌大棚改造提升力度，通过统一配料、统一技术指导、统一收储、统一销售等方式带动散户实现共同发展。同时，积极做好与高校、科研机构等对接合作，建立产业研学实践基地，推动食用菌品种培优、品质提升、品牌打造和标准化生产，进一步提升产品市场综合竞争能力。

推动完善利益联结机制。扎实做好乡村振兴示范区收益分红管理工作,根据村级实际需求做好资金分配工作,统筹用于村级公益性岗位开发、村内小型公益事业建设等,确保收益主要用于带动脱贫人口和监测对象通过勤劳劳动获得报酬,更多激发群众内生动力,鼓励引导群众积极参与乡村建设、乡村治理等过程,共同推动乡村人居环境提升和和美乡村建设各项工作,推动乡村全面振兴不断取得新突破。同时,将加强资金使用全过程监管,确保资金使用规范。

积极构筑优势产业集群。按照"大项目—产业链—产业群—产业基地"的思路,引进优质企业"建链""延链""补链",打造食用菌产业链链主企业,向上游企业推广食用菌标准化生产设备,向下游拓展食用菌深加工、仓储、销售、运输等链条,构筑横向成群、纵向成链的优势产业集群。

附件 安徽乡镇综合竞争力评价结果（2024）

表7 安徽乡镇综合竞争力评价结果（2024）

排名	县（市、区）	乡镇	排名	县（市、区）	乡镇
1	湾沚区	湾沚镇	2	广德市	新杭镇
3	肥西县	桃花镇	4	界首市	田营镇
5	繁昌区	孙村镇	6	颍上县	慎城镇
7	太和县	城关镇	8	舒城县	杭埠镇
9	肥西县	上派镇	10	天长市	铜城镇
11	无为市	无城镇	12	利辛县	城关镇
13	无为市	高沟镇	14	湾沚区	六郎镇
15	濉溪县	濉溪镇	16	阜南县	鹿城镇
17	固镇县	谷阳镇	18	长丰县	双墩镇
19	徽州区	岩寺镇	20	肥西县	花岗镇
21	含山县	环峰镇	22	南陵县	籍山镇
23	肥西县	官亭镇	24	桐城市	新渡镇
25	长丰县	下塘镇	26	长丰县	岗集镇
27	天长市	秦栏镇	28	桐城市	范岗镇
29	和县	历阳镇	30	肥东县	撮镇镇
31	霍山县	衡山镇	32	潜山市	梅城镇
33	博望区	博望镇	34	南陵县	许镇镇
35	当涂县	姑孰镇	36	怀宁县	高河镇
37	金寨县	梅山镇	38	广德市	邱村镇
39	湾沚区	陶辛镇	40	潜山市	源潭镇
41	鸠江区	二坝镇	42	五河县	城关镇
43	肥东县	店埠镇	44	寿县	寿春镇

（续表）

排名	县（市、区）	乡镇	排名	县（市、区）	乡镇
45	鸠江区	沈巷镇	46	天长市	汊涧镇
47	南陵县	弋江镇	48	肥西县	紫蓬镇
49	繁昌区	繁阳镇	50	肥东县	梁园镇
51	宣州区	狸桥镇	52	无为市	石涧镇
53	蒙城县	乐土镇	54	当涂县	太白镇
55	全椒县	襄河镇	56	郎溪县	十字镇
57	舒城县	城关镇	58	东至县	尧渡镇
59	临泉县	鮦城镇	60	当涂县	年陡镇
61	泾县	泾川镇	62	龙子湖区	长淮卫镇
63	肥东县	长临河镇	64	繁昌区	荻港镇
65	屯溪区	黎阳镇	66	太湖县	晋熙镇
67	东至县	大渡口镇	68	博望区	丹阳镇
69	金安区	三十铺镇	70	广德市	誓节镇
71	长丰县	吴山镇	72	天长市	仁和集镇
73	湾沚区	红杨镇	74	湾沚区	花桥镇
75	临泉县	高塘镇	76	阜南县	黄岗镇
77	和县	姥桥镇	78	和县	乌江镇
79	长丰县	水湖镇	80	濉溪县	百善镇
81	天长市	金集镇	82	望江县	高士镇
83	义安区	钟鸣镇	84	繁昌区	新港镇
85	肥西县	铭传乡	86	当涂县	黄池镇
87	当涂县	石桥镇	88	肥东县	石塘镇
89	灵璧县	灵城镇	90	无为市	严桥镇
91	裕安区	平桥乡	92	巢湖市	炯炀镇
93	歙县	徽城镇	94	肥西县	严店镇
95	全椒县	十字镇	96	颍泉区	伍明镇
97	怀远县	荆山镇	98	颍泉区	宁老庄镇
99	谯城区	古井镇	100	庐江县	庐城镇

排名	县（市、区）	乡镇	排名	县（市、区）	乡镇
101	怀远县	榴城镇	102	义安区	东联镇
103	天长市	冶山镇	104	青阳县	酉华镇
105	太和县	肖口镇	106	繁昌区	峨山镇
107	天长市	永丰镇	108	郎溪县	新发镇
109	宁国市	港口镇	110	凤台县	城关镇
111	凤台县	毛集镇	112	肥东县	张集乡
113	宁国市	中溪镇	114	歙县	桂林镇
115	太和县	马集镇	116	无为市	泥汊镇
117	埇桥区	朱仙庄镇	118	天长市	石梁镇
119	义安区	顺安镇	120	大观区	十里铺乡
121	鸠江区	汤沟镇	122	濉溪县	韩村镇
123	桐城市	金神镇	124	寿县	安丰镇
125	无为市	姚沟镇	126	田家庵区	三和镇
127	相山区	渠沟镇	128	肥东县	桥头集镇
129	烈山区	烈山镇	130	泾县	云岭镇
131	当涂县	乌溪镇	132	天长市	杨村镇
133	蜀山区	小庙镇	134	肥东县	杨店乡
135	定远县	定城镇	136	蜀山区	井岗镇
137	青阳县	丁桥镇	138	巢湖市	夏阁镇
139	青阳县	蓉城镇	140	萧县	圣泉镇
141	寿县	双桥镇	142	金安区	城北镇
143	郎溪县	梅渚镇	144	桐城市	双港镇
145	濉溪县	南坪镇	146	庐江县	白山镇
147	青阳县	九华乡	148	埇桥区	符离镇
149	凤阳县	大庙镇	150	岳西县	天堂镇
151	肥东县	元瞳镇	152	萧县	孙圩子镇
153	肥东县	古城镇	154	祁门县	祁山镇
155	肥东县	八斗镇	156	寿县	堰口镇

（续表）

排名	县（市、区）	乡镇	排名	县（市、区）	乡镇
157	繁昌区	平铺镇	158	屯溪区	奕棋镇
159	濉溪县	五沟镇	160	怀宁县	月山镇
161	肥西县	三河镇	162	濉溪县	临涣镇
163	肥东县	包公镇	164	休宁县	海阳镇
165	青阳县	木镇镇	166	埇桥区	顺河镇
167	巢湖市	黄麓镇	168	肥东县	马湖乡
169	萧县	王寨镇	170	和县	西埠镇
171	砀山县	砀城镇	172	界首市	光武镇
173	怀宁县	马庙镇	174	濉溪县	刘桥镇
175	和县	白桥镇	176	长丰县	杨庙镇
177	雨山区	银塘镇	178	南陵县	工山镇
179	庐江县	同大镇	180	贵池区	梅街镇
181	来安县	水口镇	182	利辛县	西潘楼镇
183	涡阳县	义门镇	184	雨山区	向山镇
185	枞阳县	枞阳镇	186	南陵县	三里镇
187	安庆经济开发区	老峰镇	188	定远县	炉桥镇
189	南谯区	腰铺镇	190	来安县	新安镇
191	杜集区	朔里镇	192	肥东县	牌坊回族满族乡
193	和县	香泉镇	194	颍泉区	闻集镇
195	广德市	东亭乡	196	涡阳县	高炉镇
197	蚌山区	燕山乡	198	宣州区	孙埠镇
199	天长市	大通镇	200	庐江县	泥河镇
201	蒙城县	小辛集乡	202	太湖县	徐桥镇
203	南陵县	何湾镇	204	裕安区	固镇镇
205	桐城市	孔城镇	206	杜集区	段园镇
207	义安区	胥坝乡	208	庐江县	冶父山镇
209	五河县	临北回族乡	210	歙县	郑村镇
211	蒙城县	双涧镇	212	东至县	香隅镇

（续表）

排名	县（市、区）	乡镇	排名	县（市、区）	乡镇
213	屯溪区	阳湖镇	214	怀宁县	石牌镇
215	巢湖市	槐林镇	216	青阳县	新河镇
217	和县	善厚镇	218	长丰县	陶楼镇
219	谯城区	十八里镇	220	南陵县	家发镇
221	肥西县	柿树岗乡	222	含山县	林头镇
223	肥西县	山南镇	224	濉溪县	孙疃镇
225	裕安区	城南镇	226	颍泉区	行流镇
227	临泉县	杨桥镇	228	无为市	福渡镇
229	含山县	清溪镇	230	含山县	仙踪镇
231	萧县	黄口镇	232	郎溪县	涛城镇
233	凤阳县	临淮关镇	234	宿松县	孚玉镇
235	霍山县	黑石渡镇	236	烈山区	宋疃镇
237	肥东县	陈集镇	238	烈山区	古饶镇
239	贵池区	棠溪镇	240	颍州区	三塔集镇
241	庐江县	白湖镇	242	埇桥区	蕲县镇
243	来安县	舜山镇	244	贵池区	涓桥镇
245	凤台县	刘集镇	246	利辛县	阚疃镇
247	界首市	靳寨乡	248	寿县	瓦埠镇
249	肥西县	丰乐镇	250	埇桥区	桃园镇
251	宿松县	复兴镇	252	凤阳县	刘府镇
253	望江县	长岭镇	254	桐城市	吕亭镇
255	蒙城县	立仓镇	256	金安区	先生店镇
257	宣州区	寒亭镇	258	和县	石杨镇
259	巢湖市	柘皋镇	260	徽州区	西溪南镇
261	泗县	泗城镇	262	定远县	藕塘镇
263	宣州区	水阳镇	264	桐城市	青草镇
265	望江县	鸦滩镇	266	桐城市	大关镇
267	固镇县	湖沟镇	268	寿县	窑口镇

（续表）

排名	县（市、区）	乡镇	排名	县（市、区）	乡镇
269	临泉县	宋集镇	270	宁国市	梅林镇
271	裕安区	新安镇	272	天长市	郑集镇
273	固镇县	连城镇	274	长丰县	朱巷镇
275	五河县	头铺镇	276	义安区	西联镇
277	寿县	正阳关镇	278	五河县	申集镇
279	埇桥区	曹村镇	280	来安县	汊河镇
281	庐江县	罗河镇	282	金寨县	南溪镇
283	埇桥区	北杨寨乡	284	寿县	保义镇
285	濉溪县	四铺镇	286	临泉县	老集镇
287	屯溪区	屯光镇	288	舒城县	南港镇
289	霍邱县	孟集镇	290	颍州区	九龙镇
291	鸠江区	白茆镇	292	义安区	五松镇
293	砀山县	葛集镇	294	望江县	太慈镇
295	大通区	上窑镇	296	和县	功桥镇
297	寿县	茶庵镇	298	含山县	铜闸镇
299	长丰县	左店镇	300	黄山区	甘棠镇
301	天长市	新街镇	302	黟县	碧阳镇
303	霍邱县	城关镇	304	弋江区	峨桥镇
305	太湖县	小池镇	306	庐阳区	大杨镇
307	含山县	陶厂镇	308	裕安区	徐集镇
309	霍山县	与儿街镇	310	全椒县	大墅镇
311	贵池区	乌沙镇	312	埇桥区	栏杆镇
313	长丰县	庄墓镇	314	义安区	老洲乡
315	临泉县	滑集镇	316	寿县	大顺镇
317	南谯区	乌衣镇	318	太和县	税镇镇
319	歙县	富堨镇	320	博望区	新市镇
321	埇桥区	灰古镇	322	贵池区	殷汇镇
323	枞阳县	横埠镇	324	颍州区	三合镇

（续表）

排名	县（市、区）	乡镇	排名	县（市、区）	乡镇
325	广德市	卢村乡	326	宿松县	洲头乡
327	铜官区	西湖镇	328	定远县	西卅店镇
329	包河区	淝河镇	330	青阳县	陵阳镇
331	宁国市	宁墩镇	332	明光市	张八岭镇
333	金寨县	白塔畈镇	334	阜南县	老观乡
335	颍上县	夏桥镇	336	岳西县	温泉镇
337	裕安区	苏埠镇	338	凤台县	凤凰镇
339	天长市	万寿镇	340	怀宁县	金拱镇
341	定远县	三和集镇	342	绩溪县	华阳镇
343	义安区	天门镇	344	宣州区	洪林镇
345	怀宁县	石镜乡	346	肥东县	众兴乡
347	蒙城县	板桥集镇	348	凤阳县	武店镇
349	界首市	大黄镇	350	庐江县	龙桥镇
351	泗县	瓦坊镇	352	寿县	板桥镇
353	肥西县	高店镇	354	南陵县	烟墩镇
355	广德市	四合乡	356	巢湖市	银屏镇
357	长丰县	义井镇	358	埇桥区	时村镇
359	灵璧县	杨疃镇	360	寿县	张李乡
361	大通区	九龙岗镇	362	来安县	半塔镇
363	明光市	三界镇	364	当涂县	护河镇
365	天长市	张铺镇	366	埇桥区	大店镇
367	屯溪区	新潭镇	368	寿县	众兴镇
369	无为市	蜀山镇	370	埇桥区	大泽乡镇
371	金寨县	麻埠镇	372	谯城区	魏岗镇
373	五河县	朱顶镇	374	太湖县	新仓镇
375	歙县	北岸镇	376	无为市	陡沟镇
377	凤阳县	府城镇	378	颍州区	王店镇
379	颍上县	江口镇	380	石台县	小河镇

（续表）

排名	县（市、区）	乡镇	排名	县（市、区）	乡镇
381	怀远县	淝河镇	382	濉溪县	铁佛镇
383	定远县	张桥镇	384	无为市	襄安镇
385	无为市	牛埠镇	386	阜南县	中岗镇
387	霍邱县	周集镇	388	凤阳县	小溪河镇
389	金安区	东河口镇	390	南谯区	沙河镇
391	淮上区	曹老集镇	392	定远县	永康镇
393	阜南县	郜台乡	394	固镇县	任桥镇
395	长丰县	造甲乡	396	阜南县	许堂乡
397	颍上县	谢桥镇	398	瑶海区	大兴镇
399	灵璧县	渔沟镇	400	利辛县	程家集镇
401	东至县	东流镇	402	颍上县	六十铺镇
403	郊区	陈瑶湖镇	404	颍上县	半岗镇
405	金寨县	汤家汇镇	406	全椒县	二郎口镇
407	宣州区	水东镇	408	阜南县	曹集镇
409	萧县	新庄镇	410	萧县	永堌镇
411	庐江县	金牛镇	412	裕安区	独山镇
413	寿县	炎刘镇	414	潜山市	黄铺镇
415	砀山县	程庄镇	416	埇桥区	夹沟镇
417	埇桥区	永安镇	418	庐江县	汤池镇
419	颍上县	南照镇	420	萧县	马井镇
421	禹会区	马城镇	422	霍山县	太平畈乡
423	岳西县	冶溪镇	424	泗县	大路口镇
425	郊区	老洲镇	426	涡阳县	石弓镇
427	叶集区	孙岗乡	428	金寨县	油坊店乡
429	歙县	深渡镇	430	颍上县	八里河镇
431	怀远县	包集镇	432	利辛县	大李集镇
433	歙县	三阳镇	434	萧县	龙城镇
435	徽州区	潜口镇	436	颍上县	建颍乡

（续表）

排名	县（市、区）	乡镇	排名	县（市、区）	乡镇
437	霍山县	诸佛庵镇	438	徽州区	富溪乡
439	肥东县	响导乡	440	宜秀区	白泽湖乡
441	颍东区	插花镇	442	当涂县	大陇镇
443	全椒县	古河镇	444	岳西县	河图镇
445	金寨县	天堂寨镇	446	霍邱县	长集镇
447	舒城县	棠树乡	448	徽州区	洽舍乡
449	怀远县	白莲坡镇	450	贵池区	牛头山镇
451	全椒县	武岗镇	452	阜南县	苗集镇
453	金寨县	斑竹园镇	454	萧县	张庄寨镇
455	来安县	施官镇	456	涡阳县	西阳镇
457	望江县	雷池镇	458	淮上区	沫河口镇
459	郎溪县	凌笪镇	460	颍上县	十八里铺镇
461	郊区	大通镇	462	裕安区	丁集镇
463	砀山县	玄庙镇	464	休宁县	商山镇
465	萧县	闫集镇	466	颍上县	古城镇
467	颍上县	刘集乡	468	庐江县	柯坦镇
469	谯城区	古城镇	470	叶集区	姚李镇
471	埇桥区	芦岭镇	472	岳西县	莲云乡
473	无为市	赫店镇	474	霍邱县	石店镇
475	埇桥区	杨庄镇	476	霍邱县	马店镇
477	颍上县	新集镇	478	临泉县	迎仙镇
479	阜南县	段郢乡	480	禹会区	长青乡
481	裕安区	石婆店镇	482	砀山县	周寨镇
483	泗县	大庄镇	484	临泉县	艾亭镇
485	泾县	丁家桥镇	486	涡阳县	龙山镇
487	舒城县	百神庙镇	488	临泉县	庙岔镇
489	涡阳县	青疃镇	490	利辛县	张村镇
491	宜秀区	罗岭镇	492	巢湖市	中垾镇

（续表）

排名	县（市、区）	乡镇	排名	县（市、区）	乡镇
493	阜南县	张寨镇	494	寿县	迎河镇
495	宿松县	长铺镇	496	颍上县	五十铺乡
497	金寨县	桃岭乡	498	颍上县	黄桥镇
499	望江县	凉泉乡	500	徽州区	杨村乡
501	凤台县	夏集镇	502	灵璧县	下楼镇
503	濉溪县	双堆集镇	504	太和县	五星镇
505	砀山县	唐寨镇	506	舒城县	干汊河镇
507	涡阳县	楚店镇	508	霍邱县	临水镇
509	萧县	庄里镇	510	东至县	张溪镇
511	萧县	刘套镇	512	泾县	昌桥乡
513	定远县	池河镇	514	涡阳县	涡南镇
515	临泉县	韦寨镇	516	泾县	琴溪镇
517	太和县	苗老集镇	518	郎溪县	飞鲤镇
519	泗县	长沟镇	520	五河县	双忠庙镇
521	黟县	宏村镇	522	庐江县	郭河镇
523	颍州区	马寨乡	524	泾县	榔桥镇
525	蒙城县	小涧镇	526	肥东县	白龙镇
527	临泉县	姜寨镇	528	定远县	桑涧镇
529	谯城区	赵桥乡	530	宿松县	汇口镇
531	涡阳县	新兴镇	532	谯城区	十河镇
533	金安区	双河镇	534	萧县	丁里镇
535	宣州区	杨柳镇	536	休宁县	万安镇
537	萧县	大屯镇	538	凤阳县	板桥镇
539	旌德县	旌阳镇	540	包河区	大圩镇
541	无为市	泉塘镇	542	怀远县	古城镇
543	界首市	陶庙镇	544	宿松县	二郎镇
545	庐江县	乐桥镇	546	固镇县	新马桥镇
547	泗县	黄圩镇	548	怀宁县	平山镇

（续表）

排名	县（市、区）	乡镇	排名	县（市、区）	乡镇
549	广德市	桃州镇	550	五河县	浍南镇
551	萧县	杨楼镇	552	宿松县	凉亭镇
553	无为市	十里墩镇	554	宜秀区	大龙山镇
555	怀远县	龙亢镇	556	泗县	山头镇
557	阜南县	朱寨镇	558	定远县	吴圩镇
559	含山县	运漕镇	560	凤台县	桂集镇
561	庐江县	盛桥镇	562	金寨县	流波䃥镇
563	临泉县	单桥镇	564	雨山区	佳山乡
565	绩溪县	临溪镇	566	蒙城县	坛城镇
567	枞阳县	汤沟镇	568	舒城县	千人桥镇
569	岳西县	石关乡	570	宿松县	华亭镇
571	八公山区	山王镇	572	霍邱县	临淮岗镇
573	舒城县	万佛湖镇	574	颍东区	口孜镇
575	庐江县	矾山镇	576	望江县	华阳镇
577	泗县	草沟镇	578	徽州区	呈坎镇
579	霍邱县	新店镇	580	明光市	石坝镇
581	全椒县	六镇镇	582	望江县	赛口镇
583	霍邱县	龙潭镇	584	谯城区	双沟镇
585	埇桥区	西二铺镇	586	淮上区	小蚌埠镇
587	谯城区	十九里镇	588	太和县	二郎镇
589	八公山区	八公山镇	590	凤阳县	殷涧镇
591	固镇县	刘集镇	592	裕安区	分路口镇
593	蒙城县	许疃镇	594	寿县	刘岗镇
595	宣州区	养贤乡	596	泗县	墩集镇
597	宣州区	黄渡乡	598	萧县	白土镇
599	泾县	桃花潭镇	600	阜南县	王化镇
601	庐阳区	三十岗乡	602	潘集区	夹沟镇
603	颍上县	杨湖镇	604	青阳县	杨田镇

（续表）

排名	县（市、区）	乡镇	排名	县（市、区）	乡镇
605	泗县	刘圩镇	606	临泉县	长官镇
607	石台县	仁里镇	608	来安县	张山镇
609	霍邱县	高塘镇	610	明光市	女山湖镇
611	宿松县	千岭乡	612	霍山县	下符桥镇
613	砀山县	赵屯镇	614	谯城区	五马镇
615	寿县	涧沟镇	616	无为市	开城镇
617	庐江县	石头镇	618	怀宁县	公岭镇
619	长丰县	杜集镇	620	霍邱县	扈胡镇
621	太和县	旧县镇	622	泾县	茂林镇
623	花山区	濮塘镇	624	明光市	潘村镇
625	界首市	任寨乡	626	临泉县	土陂乡
627	长丰县	罗塘乡	628	颍州区	程集镇
629	利辛县	巩店镇	630	太和县	倪邱镇
631	明光市	桥头镇	632	金安区	孙岗镇
633	太和县	大新镇	634	蒙城县	楚村镇
635	霍山县	上土市镇	636	广德市	柏垫镇
637	颍上县	西三十铺镇	638	杜集区	石台镇
639	枞阳县	官埠桥镇	640	全椒县	马厂镇
641	颍州区	西湖镇	642	怀远县	唐集镇
643	金寨县	古碑镇	644	休宁县	五城镇
645	萧县	官桥镇	646	凤台县	关店乡
647	望江县	杨湾镇	648	黄山区	三口镇
649	怀宁县	茶岭镇	650	萧县	赵庄镇
651	太和县	洪山镇	652	怀远县	常坟镇
653	五河县	新集镇	654	砀山县	良梨镇
655	涡阳县	高公镇	656	望江县	漳湖镇
657	枞阳县	欧山镇	658	寿县	安丰塘镇
659	谢家集区	唐山镇	660	阜南县	赵集镇

（续表）

排名	县（市、区）	乡镇	排名	县（市、区）	乡镇
661	颍州区	三十里铺镇	662	潜山市	余井镇
663	裕安区	韩摆渡镇	664	黄山区	新华乡
665	休宁县	东临溪镇	666	蒙城县	岳坊镇
667	郊区	周潭镇	668	舒城县	桃溪镇
669	太和县	三堂镇	670	灵璧县	冯庙镇
671	宿松县	高岭乡	672	灵璧县	浍沟镇
673	黟县	西递镇	674	歙县	王村镇
675	明光市	涧溪镇	676	无为市	红庙镇
677	东至县	龙泉镇	678	无为市	洪巷镇
679	霍山县	东西溪乡	680	枞阳县	金社镇
681	旌德县	孙村镇	682	五河县	小溪镇
683	迎江区	龙狮桥乡	684	宿松县	九姑乡
685	霍邱县	花园镇	686	颍上县	润河镇
687	金寨县	沙河乡	688	五河县	小圩镇
689	巢湖市	庙岗镇	690	界首市	顾集镇
691	霍邱县	范桥镇	692	叶集区	洪集镇
693	涡阳县	丹城镇	694	当涂县	塘南镇
695	谯城区	华佗镇	696	颍东区	新乌江镇
697	宣州区	朱桥乡	698	舒城县	汤池镇
699	金寨县	吴家店镇	700	涡阳县	花沟镇
701	潘集区	古沟回族乡	702	怀宁县	洪铺镇
703	霍山县	但家庙镇	704	怀远县	双桥集镇
705	贵池区	梅村镇	706	岳西县	来榜镇
707	霍邱县	宋店镇	708	庐江县	万山镇
709	灵璧县	娄庄镇	710	砀山县	关帝庙镇
711	颍东区	枣庄镇	712	五河县	武桥镇
713	固镇县	杨庙镇	714	蒙城县	篱笆镇
715	巢湖市	散兵镇	716	颍上县	江店孜镇

（续表）

排名	县（市、区）	乡镇	排名	县（市、区）	乡镇
717	蒙城县	王集乡	718	黟县	渔亭镇
719	蒙城县	马集镇	720	宁国市	仙霞镇
721	灵璧县	大庙镇	722	太和县	坟台镇
723	阜南县	地城镇	724	歙县	许村镇
725	宿松县	佐坝乡	726	砀山县	李庄镇
727	怀远县	淝南镇	728	颍上县	耿棚镇
729	淮上区	梅桥镇	730	灵璧县	虞姬镇
731	郊区	灰河乡	732	东至县	葛公镇
733	谯城区	大杨镇	734	全椒县	石沛镇
735	太和县	郭庙镇	736	太湖县	弥陀镇
737	凤台县	顾桥镇	738	固镇县	仲兴镇
739	颍上县	红星镇	740	霍山县	磨子潭镇
741	萧县	酒店镇	742	裕安区	顺河镇
743	霍邱县	夏店镇	744	萧县	杜楼镇
745	临泉县	谭棚镇	746	青阳县	乔木乡
747	阜阳合肥现代产业园区	袁集镇	748	桐城市	唐湾镇
749	霍邱县	乌龙镇	750	来安县	雷官镇
751	灵璧县	游集镇	752	颍上县	陈桥镇
753	岳西县	店前镇	754	颍上县	迪沟镇
755	裕安区	狮子岗乡	756	凤台县	丁集镇
757	利辛县	王市镇	758	埇桥区	解集镇
759	泗县	大杨镇	760	灵璧县	大路镇
761	颍东区	老庙镇	762	郎溪县	毕桥镇
763	怀宁县	黄墩镇	764	利辛县	望疃镇
765	宿松县	北浴乡	766	砀山县	曹庄镇
767	寿县	丰庄镇	768	埇桥区	大营镇
769	泾县	黄村镇	770	枞阳县	钱铺镇

（续表）

排名	县（市、区）	乡镇	排名	县（市、区）	乡镇
771	霍邱县	潘集镇	772	宁国市	甲路镇
773	固镇县	王庄镇	774	金寨县	双河镇
775	宜秀区	杨桥镇	776	宁国市	霞西镇
777	谯城区	牛集镇	778	颍东区	袁寨镇
779	当涂县	湖阳镇	780	怀远县	徐圩乡
781	凤阳县	西泉镇	782	岳西县	和平乡
783	巢湖市	栏杆集镇	784	阜南县	会龙镇
785	歙县	杞梓里镇	786	埇桥区	苗安镇
787	利辛县	汝集镇	788	定远县	严桥乡
789	阜南县	柳沟镇	790	利辛县	城北镇
791	太和县	关集镇	792	阜南县	柴集镇
793	霍山县	大化坪镇	794	金寨县	铁冲乡
795	来安县	三城镇	796	谯城区	谯东镇
797	霍邱县	曹庙镇	798	定远县	七里塘乡
799	太和县	李兴镇	800	舒城县	舒茶镇
801	舒城县	张母桥镇	802	禹会区	秦集镇
803	金寨县	青山镇	804	金寨县	果子园乡
805	阜南县	洪河桥镇	806	怀远县	兰桥镇
807	金安区	张店镇	808	枞阳县	麒麟镇
809	谢家集区	望峰岗镇	810	固镇县	石湖乡
811	谯城区	沘河镇	812	裕安区	青山乡
813	枞阳县	会宫镇	814	郊区	铜山镇
815	怀宁县	三桥镇	816	界首市	邴集乡
817	明光市	自来桥镇	818	太和县	三塔镇
819	东至县	胜利镇	820	舒城县	柏林乡
821	埇桥区	永镇镇	822	埇桥区	支河镇
823	黄山区	汤口镇	824	界首市	王集镇
825	宣州区	古泉镇	826	休宁县	齐云山镇

（续表）

排名	县（市、区）	乡镇	排名	县（市、区）	乡镇
827	舒城县	山七镇	828	广德市	杨滩镇
829	霍邱县	城西湖乡	830	金安区	马头镇
831	阜南县	王店孜乡	832	金安区	木厂镇
833	利辛县	新张集乡	834	东至县	花园乡
835	凤台县	杨村镇	836	霍邱县	三流乡
837	凤阳县	红心镇	838	利辛县	中疃镇
839	金寨县	燕子河镇	840	临泉县	关庙镇
841	泾县	汀溪乡	842	田家庵区	曹庵镇
843	谯城区	观堂镇	844	贵池区	牌楼镇
845	凤台县	新集镇	846	霍邱县	彭塔镇
847	舒城县	晓天镇	848	怀远县	河溜镇
849	霍山县	漫水河镇	850	界首市	泉阳镇
851	岳西县	青天乡	852	凤阳县	总铺镇
853	枞阳县	项铺镇	854	潜山市	官庄镇
855	金安区	施桥镇	856	霍邱县	岔路镇
857	利辛县	旧城镇	858	宁国市	青龙乡
859	旌德县	蔡家桥镇	860	怀宁县	小市镇
861	埇桥区	褚兰镇	862	金安区	毛坦厂镇
863	泗县	屏山镇	864	怀宁县	凉亭乡
865	金寨县	花石乡	866	颍东区	正午镇
867	旌德县	俞村镇	868	阜南县	焦陂镇
869	金安区	椿树镇	870	无为市	鹤毛镇
871	埇桥区	桃沟镇	872	黄山区	仙源镇
873	青阳县	庙前镇	874	太和县	皮条孙镇
875	谯城区	颜集镇	876	凤台县	钱庙乡
877	龙子湖区	李楼乡	878	明光市	管店镇
879	黄山区	耿城镇	880	利辛县	孙庙乡
881	岳西县	白帽镇	882	灵璧县	禅堂镇

（续表）

排名	县（市、区）	乡镇	排名	县（市、区）	乡镇
883	石台县	七都镇	884	旌德县	版书镇
885	枞阳县	白柳镇	886	霍邱县	河口镇
887	利辛县	王人镇	888	歙县	溪头镇
889	霍邱县	冯井镇	890	五河县	东刘集镇
891	金寨县	槐树湾乡	892	霍山县	佛子岭镇
893	涡阳县	陈大镇	894	怀远县	陈集镇
895	砀山县	官庄坝镇	896	宣州区	文昌镇
897	寿县	八公山乡	898	祁门县	金字牌镇
899	凤台县	岳张集镇	900	五河县	沱湖乡
901	颍上县	王岗镇	902	祁门县	历口镇
903	宣州区	新田镇	904	临泉县	黄岭镇
905	颍上县	黄坝乡	906	谯城区	张店乡
907	岳西县	毛尖山乡	908	阜南县	田集镇
909	临泉县	瓦店镇	910	霍山县	落儿岭镇
911	利辛县	江集镇	912	枞阳县	钱桥镇
913	太和县	蔡庙镇	914	谯城区	沙土镇
915	田家庵区	安成镇	916	阜南县	王家坝镇
917	太和县	赵庙镇	918	潜山市	槎水镇
919	涡阳县	曹市镇	920	怀宁县	江镇镇
921	金寨县	全军乡	922	寿县	三觉镇
923	定远县	仓镇	924	太湖县	百里镇
925	桐城市	黄甲镇	926	金安区	淠东乡
927	舒城县	五显镇	928	休宁县	溪口镇
929	宁国市	胡乐镇	930	金安区	东桥镇
931	来安县	大英镇	932	潘集区	平圩镇
933	阜南县	新村镇	934	东至县	官港镇
935	郎溪县	建平镇	936	霍邱县	冯瓴镇
937	东至县	洋湖镇	938	枞阳县	义津镇

（续表）

排名	县（市、区）	乡镇	排名	县（市、区）	乡镇
939	金寨县	长岭乡	940	凤阳县	大溪河镇
941	宜秀区	五横乡	942	宣州区	沈村镇
943	枞阳县	雨坛镇	944	裕安区	江家店镇
945	霍邱县	王截流乡	946	太湖县	江塘乡
947	颍东区	杨楼孜镇	948	东至县	泥溪镇
949	巢湖市	苏湾镇	950	岳西县	响肠镇
951	黟县	柯村镇	952	涡阳县	马店集镇
953	寿县	小甸镇	954	太和县	高庙镇
955	颍东区	冉庙乡	956	灵璧县	朝阳镇
957	来安县	独山镇	958	颍上县	鲁口镇
959	绩溪县	瀛洲镇	960	霍邱县	邵岗乡
961	阜南县	方集镇	962	灵璧县	向阳镇
963	黄山区	焦村镇	964	萧县	青龙集镇
965	宁国市	万家乡	966	休宁县	榆村乡
967	南谯区	大柳镇	968	泗县	丁湖镇
969	临泉县	白庙镇	970	谯城区	龙扬镇
971	蒙城县	三义镇	972	岳西县	菖蒲镇
973	利辛县	纪王场乡	974	潘集区	潘集镇
975	怀宁县	黄龙镇	976	旌德县	白地镇
977	太湖县	北中镇	978	临泉县	吕寨镇
979	舒城县	阙店乡	980	灵璧县	高楼镇
981	金寨县	关庙乡	982	颍上县	垂岗乡
983	定远县	二龙回族乡	984	桐城市	嬉子湖镇
985	巢湖市	坝镇镇	986	宿松县	程岭乡
987	太湖县	寺前镇	988	灵璧县	尹集镇
989	田家庵区	舜耕镇	990	歙县	坑口乡
991	休宁县	源芳乡	992	当涂县	江心乡
993	潜山市	水吼镇	994	涡阳县	标里镇

（续表）

排名	县（市、区）	乡镇	排名	县（市、区）	乡镇
995	砀山县	朱楼镇	996	怀宁县	腊树镇
997	休宁县	月潭湖镇	998	潜山市	龙潭乡
999	利辛县	马店孜镇	1000	黄山区	谭家桥镇
1001	来安县	杨郢乡	1002	东至县	昭潭镇
1003	太和县	双庙镇	1004	潜山市	王河镇
1005	宁国市	云梯畲族乡	1006	泾县	蔡村镇
1007	全椒县	西王镇	1008	绩溪县	扬溪镇
1009	裕安区	西河口乡	1010	潜山市	天柱山镇
1011	南谯区	章广镇	1012	涡阳县	公吉寺镇
1013	利辛县	永兴镇	1014	凤台县	朱马店镇
1015	无为市	昆山镇	1016	太湖县	汤泉乡
1017	五河县	大新镇	1018	定远县	大桥镇
1019	金安区	中店镇	1020	东至县	青山乡
1021	黄山区	乌石镇	1022	灵璧县	黄湾镇
1023	凤台县	古店乡	1024	东至县	木塔乡
1025	金安区	翁墩乡	1026	怀远县	褚集镇
1027	潘集区	架河镇	1028	含山县	昭关镇
1029	萧县	祖楼镇	1030	青阳县	杜村乡
1031	怀远县	万福镇	1032	泗县	黑塔镇
1033	萧县	石林乡	1034	临泉县	陈集镇
1035	南谯区	黄泥岗镇	1036	宁国市	南极乡
1037	太湖县	天华镇	1038	灵璧县	韦集镇
1039	太湖县	大石乡	1040	潜山市	黄泥镇
1041	凤阳县	枣巷镇	1042	怀宁县	雷埠乡
1043	歙县	绍濂乡	1044	宁国市	方塘乡
1045	贵池区	唐田镇	1046	怀远县	魏庄镇
1047	宿松县	趾凤乡	1048	寿县	双庙集镇
1049	田家庵区	史院乡	1050	潘集区	芦集镇

（续表）

排名	县（市、区）	乡镇	排名	县（市、区）	乡镇
1051	谯城区	芦庙镇	1052	休宁县	蓝田镇
1053	潜山市	油坝乡	1054	岳西县	古坊乡
1055	谢家集区	李郢孜镇	1056	黄山区	太平湖镇
1057	岳西县	田头乡	1058	南谯区	珠龙镇
1059	歙县	霞坑镇	1060	桐城市	鲟鱼镇
1061	阜南县	王堰镇	1062	旌德县	兴隆镇
1063	利辛县	胡集镇	1064	黄山区	新丰乡
1065	绩溪县	长安镇	1066	旌德县	庙首镇
1067	枞阳县	浮山镇	1068	凤阳县	黄湾乡
1069	界首市	新马集镇	1070	霍山县	太阳乡
1071	宿松县	河塌乡	1072	宣州区	溪口镇
1073	太和县	赵集乡	1074	埇桥区	蒿沟镇
1075	定远县	朱湾镇	1076	太和县	双浮镇
1077	临泉县	张新镇	1078	潘集区	泥河镇
1079	颍上县	盛堂乡	1080	谯城区	城父镇
1081	绩溪县	金沙镇	1082	凤台县	焦岗湖镇
1083	霍邱县	白莲乡	1084	定远县	范岗乡
1085	无为市	刘渡镇	1086	祁门县	平里镇
1087	淮上区	吴小街镇	1088	宣州区	周王镇
1089	叶集区	三元镇	1090	潜山市	塔畈乡
1091	金安区	横塘岗乡	1092	绩溪县	上庄镇
1093	利辛县	展沟镇	1094	宿松县	柳坪乡
1095	旌德县	三溪镇	1096	太和县	大庙集镇
1097	阜南县	公桥乡	1098	利辛县	孙集镇
1099	界首市	砖集镇	1100	凤台县	李冲回族乡
1101	太湖县	城西乡	1102	太和县	桑营镇
1103	歙县	上丰乡	1104	界首市	戴桥镇
1105	休宁县	鹤城乡	1106	舒城县	高峰乡

（续表）

排名	县（市、区）	乡镇	排名	县（市、区）	乡镇
1107	大通区	孔店乡	1108	寿县	隐贤镇
1109	石台县	丁香镇	1110	太和县	胡总镇
1111	黟县	洪星乡	1112	太湖县	刘畈乡
1113	祁门县	小路口镇	1114	绩溪县	伏岭镇
1115	休宁县	渭桥乡	1116	涡阳县	牌坊镇
1117	阜南县	于集乡	1118	歙县	森村乡
1119	黄山区	新明乡	1120	裕安区	单王乡
1121	郎溪县	姚村镇	1122	歙县	武阳乡
1123	灵璧县	朱集镇	1124	岳西县	头陀镇
1125	裕安区	罗集乡	1126	舒城县	春秋乡
1127	祁门县	柏溪乡	1128	宿松县	陈汉乡
1129	潜山市	痘姆乡	1130	潘集区	高皇镇
1131	石台县	矶滩乡	1132	定远县	能仁乡
1133	明光市	古沛镇	1134	定远县	界牌集镇
1135	歙县	璜田乡	1136	休宁县	岭南乡
1137	黟县	宏潭乡	1138	舒城县	庐镇乡
1139	谢家集区	杨公镇	1140	舒城县	河棚镇
1141	阜南县	龙王乡	1142	绩溪县	荆州乡
1143	歙县	石门乡	1144	涡阳县	店集镇
1145	祁门县	新安镇	1146	潘集区	祁集镇
1147	霍山县	单龙寺镇	1148	歙县	岔口镇
1149	祁门县	安凌镇	1150	青阳县	朱备镇
1151	霍邱县	众兴集镇	1152	界首市	舒庄镇
1153	太湖县	牛镇镇	1154	歙县	新溪口乡
1155	定远县	拂晓乡	1156	绩溪县	板桥头乡
1157	石台县	仙寓镇	1158	休宁县	汪村镇
1159	岳西县	中关镇	1160	潜山市	五庙乡
1161	泗县	草庙镇	1162	黟县	美溪乡

（续表）

排名	县（市、区）	乡镇	排名	县（市、区）	乡镇
1163	黄山区	龙门乡	1164	太和县	阮桥镇
1165	祁门县	凫峰镇	1166	怀宁县	秀山乡
1167	休宁县	璜尖乡	1168	祁门县	古溪乡
1169	涡阳县	临湖镇	1170	太和县	原墙镇
1171	岳西县	主簿镇	1172	南谯区	施集镇
1173	歙县	雄村镇	1174	歙县	长陔乡
1175	岳西县	黄尾镇	1176	谢家集区	孙庙乡
1177	宿松县	下仓镇	1178	谢家集区	孤堆回族乡
1179	歙县	小川乡	1180	宣州区	五星乡
1181	祁门县	渚口乡	1182	界首市	芦村镇
1183	迎江区	长风乡	1184	祁门县	箬坑乡
1185	岳西县	五河镇	1186	颍上县	关屯乡
1187	明光市	苏巷镇	1188	大通区	洛河镇
1189	旌德县	云乐镇	1190	固镇县	濠城镇
1191	黄山区	永丰乡	1192	谯城区	立德镇
1193	石台县	横渡镇	1194	祁门县	塔坊镇
1195	怀宁县	清河乡	1196	凤台县	尚塘镇
1197	临泉县	陶老乡	1198	大观区	海口镇
1199	宿松县	隘口乡	1200	定远县	连江镇
1201	祁门县	闪里镇	1202	祁门县	溶口乡
1203	大观区	山口乡	1204	祁门县	芦溪乡
1205	寿县	陶店回族乡	1206	歙县	金川乡
1207	岳西县	姚河乡	1208	明光市	柳巷镇
1209	歙县	街口镇	1210	潜山市	黄柏镇
1211	休宁县	流口镇	1212	凤台县	大兴镇
1213	石台县	大演乡	1214	定远县	蒋集镇
1215	凤阳县	官塘镇	1216	歙县	昌溪乡
1217	潘集区	贺疃镇	1218	枞阳县	白梅乡

（续表）

排名	县（市、区）	乡镇	排名	县（市、区）	乡镇
1219	裕安区	石板冲乡	1220	休宁县	龙田乡
1221	颍上县	赛涧回族乡	1222	太和县	清浅镇
1223	明光市	泊岗乡	1224	祁门县	大坦乡
1225	绩溪县	家朋乡	1226	太和县	宫集镇
1227	迎江区	新洲乡	1228	休宁县	山斗乡
1229	宿松县	许岭镇	1230	休宁县	板桥乡
1231	歙县	狮石乡	1232	岳西县	包家乡
1233	岳西县	巍岭乡	1234	祁门县	祁红乡
1235	休宁县	白际乡			